D1703222

HEINZ BÜTLER

MÉTRO ZUM HÖLLENTOR
ANDREAS WALSER 1908 CHUR – 1930 PARIS

LIMMAT VERLAG
ZÜRICH

Andreas Walser in den Bündner Bergen, ca. 1927

Ich möchte mich vorstellen.
Ich bin – warum nur ? –
ziemlich fremd – ein Sohn der Berge –
selbst ein wenig Berg.

Ich bin jung, 21 Jahre alt.
Ich glaube an die Jugend
ich liebe die Jugend
von der Jugend erhoffe ich alles –
die Kraft ist da.

Andreas Walser, aus: *Le balcon*, Oktober 1929

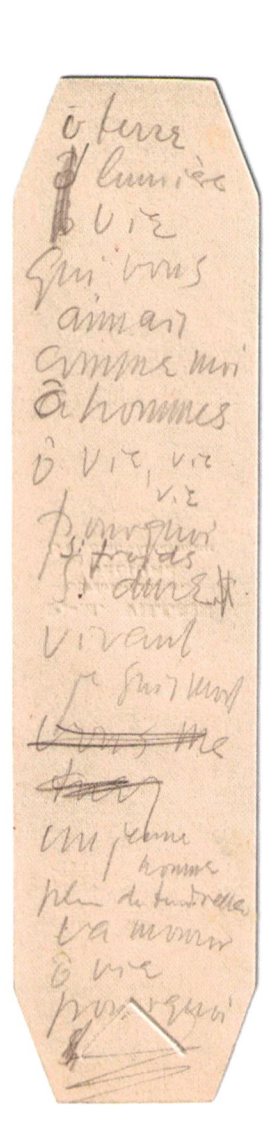

Lesezeichen der Librairie-Papeterie P.-M. Villain, Paris mit Anmerkungen Andreas Walsers auf der Rückseite (Übersetzung S. 258)

ô terre
lumière
vie
qui vous
aimait
comme moi
ô hommes
ô vie, vie
      vie
pourquoi
si froide
si dure
vivant
je suis mort

un jeune
homme
plein de tendresse
va mourir
ô vie
pourquoi

«Sie sind übrigens der erste Schweizer, den ich kenne,
der wirklich das neue Sehen, das in der Kunst heute lebt, ahnt.»

Ernst Ludwig Kirchner an Andreas Walser, 4.12.1928

Andreas Walser fotografiert von Ernst Ludwig Kirchner, 1928/29

HEINZ BÜTLER

ENFANT TERRIBLE

Der Kampf heute im
Leben und in der Kunst ist
ungeheuer schwer,
da geht so mancher drauf.
Es ist wie im Kriege.

Ernst Ludwig Kirchner,
21. 4. 1930

Nichts ist zerbrechlicher
als das Leben –
und nichts ist härter.

Ich liebe die Drogen.
Sie töten.

Andreas Walser, 1929

Horizont Paris

In seinen Träumen sieht Andreas Walser manchmal ein Licht, farblos und diffus. Es erscheint, verschwindet, kehrt zurück. Das Licht ist der Ruhm. Manchmal streift den Träumenden aber auch ein Schatten ohne Kontur und Farbe. Der Schatten ist der Tod.

Der junge Mann vergleicht sein Leben mit einem Kerzlein, das seine Mutter angezündet hat. Jahrelang habe die Flamme, grösser und grösser werdend, ruhig vor sich hin gebrannt. Doch: *Eines Tages zündete ich die Kerze am anderen Ende an / arme Kerze / deine Stunden sind gezählt.*

Andreas Walser ist zur Zeit dieser düsteren Gedanken zwanzig Jahre alt. Und er fragt sich, warum er nicht in Frankreich geboren ist, wo doch das Land seiner Mutter mit den Bergen, die ihm weh tun, zu klein sei für ihn.

Schon wenige Monate später wird Walser seine Briefe mal mit Andreas, mal mit Andréas unterschreiben – der accent aigu, eine subtile und vermutlich nicht einmal selbstironische orthografische Hommage an den Ort, den er seit Schülertagen als Lebensdestination in sich trägt: PARIS. Dort arbeiten die Künstler, die der Churer Pfarrerssohn verehrt: Picasso, Derain, Utrillo. Dort soll ihn das Malen dann *ganz überkommen* auf dem Weg, den er schon im Gymnasium eingeschlagen hatte, als er Vorbilder wie Hodler, Augusto Giacometti und van Gogh kopierte und zeichnend, aquarellierend, lithografierend das Eigene suchte – mit abstrakten Kompositionen, Stillleben, Selbstbildnissen, Strassenszenen, Landschaften, Humorigem wie «Goethe in den Armen von Frau von Stein» (Bleistift auf Papier) und einer Tuschezeichnung mit dem Dichter, der aus Weimar *verduftet*.

«Wie in einem Strudel komme ich mir vor –
ewiges Reissen in mir – wie soll das weitergehen…»

An Bärby Hunger, Graubünden, undatiert

Landschaft (Urmein), Gouache auf Karton, undatiert

«Ich sehe mich jetzt im Geiste in Paris.»

An Bärby Hunger, undatierter Brief

Music Hall, Öl auf Karton, Paris, 1928

Seinem Freund Walter Trepp (auch eine Liebesgeschichte) liest Andreas stundenlang aus Werken von Hermann Hiltbrunner vor, den es als Bruder des grossen Knut Hamsun in die Schweiz verschlagen habe und bei dem Andreas immer wieder Sätze findet, die sein eigenes Empfinden in hohe Worte fassen. Hiltbrunner: «Meine Gedanken sind vielleicht auf Grosses gerichtet. Aber ich trachte nach Kleinem und betrachte das Unscheinbare.»

Walsers Lektüren – Schopenhauer, Dostojewski, Storm, Rilke, Thomas Mann, Stefan Zweig – befeuern die bei Andreas letztlich doch überwiegende Sehnsucht nach Grossem und nach Grösse, ja: *Unermesslichem.* Den Anfang von Nietzsches «Also sprach Zarathustra» und Strophen aus «Ecce homo» lernen Andreas und sein jüngerer Bruder Peter zusammen auswendig («Ja! Ich weiss, woher ich stamme! / Ungesättigt gleich der Flamme / Glühe und verzehr' ich mich»).

Die Freudenquellen sind anderswo und müssen aus eigener Kraft erschlossen werden. Das Wetter kann einem gestohlen bleiben, solange man sich in der Seele so *warm und wohl* fühlt. Doch Andreas ahnt die schweren Kämpfe, die auf ihn zukommen werden, und hofft, dass ihn seine Selbstkritik vor Halbheiten bewahre.

Schulhefte verwandeln sich in Sammlungen eigener Gedichte, in denen in dunklen Stunden von grauenhaften Geistern die Rede ist, die Andreas drängen, quälen und ihm den letzten Rest Ruhe rauben.

Als Andreas 1927 an der Ausstellung «Schweizer Jugend und Zeichenkunst» in Bern teilnimmt, schreibt die «Neue Zürcher Zeitung»: «Mit zum Erstaunlichsten gehört, was ein junger Churer im Zeichen von Augusto Giacometti fertigbringt.» Vom Zeichenunterricht wird Andreas wegen Unterforderung dispensiert. Der Langeweile, die ihn im Schulunterricht (ausser in den Deutschstunden) überkommt, entgeht er durch gedankliche Abschweifungen in eine Zukunft als Maler, die sich fernab der protestantischen Enge und Strenge des Elternhauses abspielen wird – jenseits der *geheizten Atmosphären*, die ihm schwer aufs Gemüt schlagen, und denen er durch Fluchten ins offene Gelände und in die Berge zu entkommen versucht.

Die Arbeit an einer grossen Frühlingslandschaft (verschollen) bringt Walser ins Sinnieren über die Bedingungen seiner künstlerischen Veranlagung, die er schon jetzt als aufreibende Achterbahnfahrt der Gefühle erlebt und ahnt, dass Naturen wie er wohl nicht fähig sind, dauernde Seelenruhe zu finden. Doch wenn es Rettung gibt, liegt diese zweifelsfrei in der Kunst. Grosse Leinwände schweben Andreas vor, zu füllen mit einem Schlag. Vielleicht stockt die Herrlichkeit auch nur, weil die lähmende Schulzeit noch nicht überstanden ist.

Nur: Kaum lodert das innere Feuer, erlöscht die Flamme auch schon. Bald verdüstern immer schwärzere Gedanken das als Ringen nach Höhe verstandene künstlerische Schaffen, und schliesslich droht ein alles auslöschender «Zusammenbruch vor den Firmamenten», wie Andreas bei Franz Werfel gelesen hat. Ein Gymnasiast fühlt sich als Schmerzensmann, gefangen in einem Käfig aus Erstarrung und Schmerz, die Seele leidend, die Ruhe dahin.

Eine ergiebige Anlaufstelle in Richtung Frankreich ist die Churer Buchhandlung Gmür und Gredinger, wo Andreas, seine finanziellen Möglichkeiten vergessend, sich Lesestoff besorgt. Das eine oder andere Buch kann er

«Vom nächsten Sommer erwarte ich vieles – vielleicht,
dass dann das Malen so ganz über mich kommt.»

An Bärby Hunger, 7.12.1928

Ohne Titel (Zwei Männer im Profil), 1928/29, Öl auf Karton

auch ausleihen, mit dem Nachteil, dass keine Randnotizen möglich sind. Die deutsche Kulturzeitschrift «Der Querschnitt», die auch aufliegt, enthält Reproduktionen von Munch, Beckmann, Renoir, Schlemmer, Max Ernst, Paris-Fotos von André Kertész und eine Aufnahme von Daniel-Henry Kahnweiler mit Picasso, Leiris, Masson in Juan-les-Pin. Ein Aufsatz behandelt an den Beispielen Kubismus, Futurismus, Expressionismus, Dadaismus, Konstruktivismus und Neue Sachlichkeit die «grassierende Hast nach dem Stilwechsel in der zeitgenössischen Malerei». Anzeigen für Zigaretten und den brandneuen Opel 7 Sechszylinder wechseln ab mit Buchrezensionen (Joyce, Colette). Die Pariser Galerie Pierre in der rue des Beaux-Arts macht auf die laufende Ausstellung mit Werken von Braque, Derain, Léger, Picasso und Modigliani aufmerksam. Sich mit dem Paris-Virus zu infizieren ist leicht in dieser elektrisierenden Wort- und Bilderwelt.

Schon zur Schulzeit belegt ein systematisches Bilderverzeichnis Andreas' Anspruch und Vision eines Künstlerlebens: «Violinspieler» (Vermerk: gerahmt) nach Giovanni Giacometti, «Regenbogen, Sonntag am Genfersee» (Standortvermerk: Frau Dekan Walser). In ein anderes Schulheft klebt Walser veröffentlichte Zeitungsartikel über Nietzsches «Nachtlied» und zu Augusto Giacometti.

«Darf ich Ihnen als Ausdruck meiner Begeisterung für Ihre Kunst so als Depositum auf unbestimmte Zeit ‹meinen lieben Violinspieler› geben?

An Bärby Hunger, undatiert

Der Violinspieler, 1925
(Kopie nach einem Gemälde von Giovanni Giacometti, 1919)

«Es war schön, dass Sie gekommen sind, und dass ich
Ihre Sachen sehen konnte. Ich denke oft daran.»

Augusto Giacometti an Andreas Walser, 10. November 1927

Ohne Titel (Stilleben), 1927

Giacometti hat Arbeiten seines Bewunderers gesehen und kennt dessen hymnischen Artikel über seine Kunst. Der Besuch beim Maler in Zürich im November 1927 bringt Bewegung in Walsers Biografie. Giacometti ist bereit, bei Vater Walser vorzusprechen und die Paris-Befürchtungen der Eltern zerstreuen zu helfen.

Im Sommer 1928 stehen in Andreas' Atelier, dem früheren Dienstbotenzimmer in der elterlichen Wohnung, zwanzig grosse Ölbilder. Die Matura ist geschafft, der Gymnasiast Andreas Walser in eine Zukunft entlassen, die ebenso lockt wie ängstigt. Im Geist ist Andreas längst in Paris angekommen. Im Juni ist der kurze Brief, den Augusto Giacomettis erfolgreiches Vorsprechen bei den Eltern ausgelöst hat, ein einziger Juchzer:
Ich darf im Herbst nach Paris.

«Ich verstehe es sehr gut, dass Ihnen der Louvre im ganzen langweilig ist. In den Museen findet man nicht den Weg zum Schaffen, sondern im Leben.»

Ernst Ludwig Kirchner an Andreas Walser, 4.12.1928

Ernst Ludwig Kirchner, Selbstporträt, ca. 1928

Hölle und Paradies

Andreas' jüngerer Bruder Peter fotografiert mit einer Occasionskamera Aquarelle, Zeichnungen und Ölbilder in der Churer *Malbude*. Einzeln und in Alben geklebt, machen die Werkaufnahmen zuerst im engeren Künstler- und Freundeskreis, später auch bei Galeristen und Museumsleuten die Runde.

Walser ist gerüstet, um mit dem *Grossen Meister* Ernst Ludwig Kirchner Kontakt aufzunehmen, der seit 1923 auf dem Wildboden in Davos lebt und sich nach traumatischer Kriegserfahrung, schweren psychischen Krisen und Abhängigkeit von Morphium, Alkohol und dem Schlafmittel Veronal im neuen Haus einen Wendepunkt in seiner Künstlerexistenz erhofft. So direkt, wie Walser später Pablo Picasso anpeilen wird, sucht er auch den Zugang zum Maler, in dessen Werken er am deutlichsten das Neue in der Kunst sieht. Kirchner lädt Andreas ein, nach Tisch vorbeizukommen und eigene Arbeiten mitzubringen, damit man zusammen über Malerei sprechen könne.

Andreas Walser besucht Kirchner vor und nach seiner Abreise nach Paris mehrmals, schickt ihm Zeichnungen, bringt Bücher mit und betritt im Haus auf dem Wildboden eine Welt der Malerei, die «nur dem Traumgefühl, der Phantasie und dem Empfinden dient, das einst der Religion gehörte», wie Kirchner in seinem *Davoser Tagebuch* fordert.

Kirchner geizt nicht mit Lob. Er erkennt in der konstruktiven Art der fotografierten Bilder, die er von Walser gesehen hat, das Gegenteil dessen, was er ausgemerzt sehen will: «Abgucker und Copisten». Andreas kann sich in seiner Geringschätzung von Technik (etwas für die Kunstschulen) auch sonst bestätigt fühlen. Kirchner spricht nämlich all denen die Befähigung zum Maler- oder Bildhauerberuf ab, die mit «manueller Geschicklichkeit und virtuosenhafter Darstellungsfähigkeit» eigene Erfindungsschwäche vertuschen und nicht aus eigener Vorstellungskraft zu eigenständigen Bildlösungen gelangen. Kirchners Résumé: «Sie sind der erste Schweizer, den ich kenne, der wirklich das neue Sehen, das in der Kunst heute lebt, ahnt.»

Kirchners Einstellung zu Nachwuchskünstlern, die bei ihm Rat und Anregung suchen, ist ambivalent. Er will keine Nachahmer und kleinen Kirchner, weil er kein Schulmeister sei, spricht aber dennoch von einer neuen Schule, die er in Davos aufbauen wollte. Dazu kam es nicht, auch wegen des frühen Todes von zwei Schweizer Expressionisten, die beim Ehepaar Kirchner auf dem Wildboden arbeiteten, unentgeltlich in Pension waren, dafür aber Kirchner-Werke kauften. Albert Müller (1897–1927) starb mit 29 Jahren an Typhus, Hermann Scherer (1893–1927) mit 34 Jahren an «Gonokokken im Blut», wie Kirchner in sein Tagebuch notiert und beklagt, dass immer wieder der Tod auf tragische Weise Freundschaften mit «wirklichen Menschen» zunichte mache.

Seinen Mitteilungsdrang stillt Andreas schon als Gymnasiast mit Füllfeder und Papier, Gedichte schreibend und mit sich beschleunigender Kadenz korrespondierend. Und er kann sich glücklich schätzen, in der Sopranistin Barbara (Bärby) Hunger am Ende eine Empfängerin von mehr als zweihundert Briefen gefunden zu haben, die sich wohl schweren Herzens mit Andreas' Homosexualität arrangiert, den platonischen Charakter dieser Freundschaft schliesslich akzeptiert und Walser während der ganzen Pariser Schaffens-, Freuden- und Leidenszeit mit verständnisvollen, aber auch warnenden Briefen beisteht.

Als Bärby die furchterregenden Berichte Walsers zu seinen Exzessen und Abstürzen durch Drogen, Alkohol, Schlaflosigkeit und Depression kaum mehr aushält, wendet sie sich auf Andreas' Bitte hin an Kirchner, der auch ihr gegenüber kein Blatt vor den Mund nimmt: «Eines nur ist sicher, es muss etwas für ihn getan werden, denn sonst geht er an den Giften kaputt. Der einzige Weg, der Erfolg verspricht, ist nach der Meinung von Ärzten, dass er sich einer ganz planmässigen Entziehungskur in einer Anstalt unterwirft. Er kann es nicht allein loswerden. Das ist nicht möglich ohne ärztliche Hilfe. Ach wie ist er nur auf diese verdammten Gifte gekommen? Dies Paris ist doch eine grosse Gefahr für die jungen Menschen.»
 In den Briefen an die Eltern wird das Schlimme ausgespart und der Akzent auf ekstatische Paris-Schilderungen, gutes Befinden, künstlerische Erfolge und Berichte aus dem neuen Atelier samt Raumskizze gelegt – mit dem Hinweis auf den Balkon mit Sicht auf den Boulevard, das eigene Paradies auf Erden.
 Die Atelierbeschreibungen in den Familienbriefen sind akribische Protokolle. Der Sohn berichtet, er habe in der Samaritaine beim Louvre ei-

«Seit ich nicht mehr verrückt bin, bin ich durch 1000 Stadien gegangen – gesund – mein Gott noch lange nicht – aber besser.»

An Bärby Hunger, 11.5.1929

Andreas Walser, vermutlich 1929

nen Diwan gekauft und das Atelier in der rue Bardinet bunt gestrichen, unten blau, oben (Balkon) venezianisch rot, Fenster und Eingangstür blau. Die hohen Fenster zum Hof seien inzwischen durch leichtes Bemalen zu Blindfenstern abgedunkelt. Weiter erfährt die Familie, dass die Hartholzklötzchen des eingeölten Bodens sehr gut erhalten seien, und dass der Balkon (ca. 5,5 Quadratmeter!) sich auch zum Schlafen eigne. Andreas ist begeistert von so viel Raum und Luft und freut sich besonders über das praktische Waschbecken aus Porzellan in der Ecke. Nach nächtelangem Anstreichen, Einkaufen und Einräumen will er, gewaschen und gekämmt, wieder Mensch sein und sich mit Beefsteak, Kartoffeln und Salat stärken. Morgen dann soll es ans Malen gehen.

Den geliebten Peter zieht der *zerklüftete Bruder* (Selbstdefinition) ins Vertrauen, ohne im Negativen explizit zu werden. Berichtet wird dem kunstinteressierten und leidenschaftlich fotografierenden Bruder von neuen Bildern, der Carpe-diem-Einstellung der Pariser zum Leben, vom Aktzeichnen in der Académie Collarossi, das Walser nicht ernst zu nehmen vermag, und von einem Besuch in der Galerie Jeanne Bucher, die er für eine Kirchner-Ausstellung mit Holzschnitten und Zeichnungen zu interessieren vermag. Zwei Stunden lang sei man über der Mappe mit Abbildungen von Kirchners Werken gesessen.

Die Briefe an Bärby Hunger sind erhalten, die Briefe Walsers an Kirchner hingegen unauffindbar. Doch zeigen viele Passagen in den Briefen an den jungen Künstlerfreund – Kirchner diagnostiziert ein schädliches Kultivieren der Melancholie –, dass der grosse Meister genau Bescheid weiss. Entsprechend deutlich, in grösster Sorge und ohne ein «Moralfex» sein zu wollen, schreibt Kirchner von Davos aus in aller Deutlichkeit an gegen die sich anbahnende Lebenskatastrophe Walsers, wie es sich für einen Freund seiner Meinung nach gehöre. Tonart: Gehen Sie weg aus Paris! Die Gifte bringen Sie um! Schnitzen Sie in Chur Figuren aus Holz oder Stein! Hüten Sie sich vor dem Grössenwahn des Rausches! Sie richten sich selbst langsam hin! Fazit: «Wenn Sie so weitermachen werden Sie ein hysterischer Greis mit 25 Jahren und falsch dazu und eitel.»

Das anfangs akkurate und oft kraftvolle Schriftbild Walsers zerfranst über anderthalb Jahre hinweg immer wieder zum kaum noch entzifferbaren Gekritzel und Wortgestammel. Der Herzschlag der Empfänger wird sich beim Öffnen der Briefumschläge und beim Lesen des Absenders zunehmend beschleunigt haben.

Dem schwer entzifferbaren Zettelbrief vom 30.4.1929 an Bärby Hunger legt Walsers Freund und Liebhaber Emmanuel Boudot-Lamotte einen eigenen

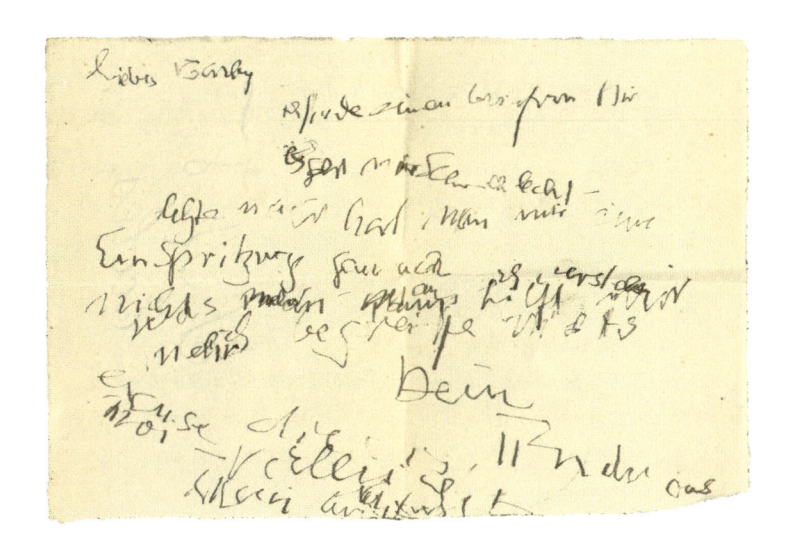

liebes Bärby

ich finde einen brief von Dir es geht mir sehr schlecht – letzte nacht hat man mir eine Einspritzung gemacht ich verstand nichts mehr man hilft mir ich begreife nichts mehr

Dein Andreas
excuse moi dies ist vielleicht …… verlust

An Bärby Hunger, datierbar auf den 30.4.1929

Brief bei, dessen düsterer Inhalt bestätigt, was Bärby auch von Andreas' eigenen an sie gerichteten Lamenti und Hilferufen her bis zum Exzess zu lesen bekommt:

Chère Mademoiselle,

ich kann unmöglich diese unleserlichen Rufe von Andreas an Sie ohne Erklärung und Versicherung an Sie absenden. In diesem Moment bittet er mich, Ihnen zu schreiben, da er dazu heute noch nicht in der Lage ist. Unser Freund A. hat letzten Sonntag die 12-fache Dosis des Schlafmittels eingenommen, die ihm verordnet wurde. Einen Arzt zu finden und etwas Kaffein, um einen Herzstillstand zu verhindern, war nicht einfach; es war Sonntag und Nacht.
Ein guter Arzt macht ihn jetzt wieder gesund, aber der Anblick ist immer noch jämmerlich nach seinen Schüttelkrämpfen und Wahnvorstellungen.
Und noch eins: er ist zwar gerettet, heute, aber mir ist angst vor der Zukunft. Andreas ist nicht mehr Herr seiner selbst. Er will sich vergiften, gleich wie, und glaubt, die künstliche Erregung seines Geisteszustandes sei die Voraussetzung für seine Kunst. Kaffee, Alkohol, Tabak, Schlafmittel, was immer er in die Hand bekommt, er nimmt es zu sich in massiven Dosen, ganz ohne seinen Willen. Vielleicht ist eine solche Unausgeglichenheit der Preis für seine ausserordentlichen künstlerischen Gaben und seine schon krankhafte Empfindlichkeit.
Es tut mir sehr leid, Mademoiselle, Ihnen mit solchen Nachrichten schreiben zu müssen. Da ich weiss, wie sehr Sie Andreas lieben, glaube ich, dass ich es tun muss; auch ich liebe ihn.
Wir können Andreas unmöglich allein lassen. Allein wird er nicht leben können. Ich sitze an seinem Bett und schliesse mich den liebevollen Gedanken von Andreas an Sie mit dem Ausdruck meiner eigenen Zuneigung an.

Emmanuel Boudot-Lamotte

Andreas bittet, seine Eltern über diesen jüngsten Vorfall nicht in Kenntnis zu setzen. Und wir ermessen nicht, wie schwer es Walsers Eltern fiel, den hypersensiblen und schon als Schüler zu Schwermut und Todesfantasien neigenden Sohn vom Churer Pfarrhaus in die Metropole Paris ziehen zu lassen, die man selber nie mit eigenen Augen gesehen hat. Wird Andreas den Versuchungen

«Ich wollte gehen – ich bleibe – ich werde noch jahrelang in hohen Kurven auf und abgehen u. sinken … aber nie nie ruhiger sein können – ich wäre dann nicht mehr der ich bin …»

An Bärby Hunger, 16.9.1929

Ohne Titel, um 1929, Tusche und Aquarell auf Papier

von Grossstadt und Künstlermilieu auf Dauer widerstehen? Wie wird es ihm an Leib und Seele ergehen? Wird aus ihm doch noch etwas «Richtiges» (so der Vater) werden? Künstler sein und als Künstler Erfolg zu haben sind zwei Paar Stiefel. Ein Zweitberuf, der selbständig und unabhängig macht, wird angemahnt.

Ich stelle mir vor: Ein Balkon,
der im Weltall kreist,
wenn die Erde nicht mehr
sein wird
und auch der Himmel nicht.

Andreas Walser, *Le balcon*, Herbst 1929

Les amants au balcon, Öl auf Leinwand, Paris, 14.2.1929

Warten auf Picasso

An seinem 58. Geburtstag und mit dem Gefühl, schon bald zu den alten Leuten zu gehören, springt Dekan Walser im Brief an seinen Sohn vom 25. August 1928 doch noch über den eigenen Schatten: «Wenn Du die Berufung in Dir spürst und dafür den Entschluss ziehst, nicht nachzulassen im ernsten Arbeiten und Streben, dann wirst Du die jetzt kommenden und für Dein Leben entscheidenden Jahre gewiss gut anwenden.»

Das Maturitätszeugnis wird man dem Sohn nachschicken.

Die frühen Briefe Walsers an Bärby Hunger sind ein verhaltener Auftakt zum späteren Sperrfeuer an Zustandsbeschreibungen, die in einem irrlichternden Crescendo den Untergang aufblitzen lassen und Bärby schliesslich selber an den Rand völliger Verzweiflung treiben.

Doch noch ist es nicht so weit. Am 4. August 1927 bedankt sich Andreas bei Bärby für die schönsten Bilderrahmen, die er je geschenkt bekommen habe und freut sich über das Interesse des lieben Fräulein Hunger an seinen künstlerischen Anfängen.

27. September 1927: Andreas empfiehlt Bärby Stefan Zweigs Biografie über die französische Dichterin Marceline Desbordes-Valmore zur Lektüre – das *Höchste* auf diesem Gebiet.

11. November: Mama hat Zweifel zu Andreas' Finanzen geäussert. *Sie begreift nicht, wie ich immer kaufen kann bei nicht grossen Einnahmen* (Bücher, Leinwand, Farbe, Rahmen).

In einem undatierten Brief, geschrieben nach einem Konzertauftritt Bärby Hungers: *Musik tut mir weh, weh – weil sie zu tief erschüttert – ich kann nicht einfach geniessen, ich muss mehr.*

Am 3. Januar 1928 nimmt Andreas Bärby mit der Frage in Anspruch, weshalb die meisten Menschen dem Tod fremd gegenüberstehen und bittet, über diese Frage ein wenig nachzudenken.

Persönliches erfährt die Freundin am 2. Februar. Ihm fehle *der Zug zum weiblichen Geschlecht*, klärt Andreas die Situation und berichtet, dass er nach zwei unglücklichen Liebesepisoden einen neuen Freund gefunden habe.

13. Juli 1928: Dem Schriftsteller Hermann Hiltbrunner übergibt Walser unveröffentlichte Manuskripte für eine Arbeit, die er über ihn schreiben will.

Am 4. August erfährt Bärby zum Thema Liebe: *Und die Liebe zu Ihnen – mein liebes Bärby – ich erkenne es immer deutlicher ist reine – geistige Liebe – «Liebe im Überwirklichen» bewundernde, aber immer unsinnlich = geistige Liebe. Ob es gut ist so – ich weiss es nicht – nur ist mir manchmal, es sei dies nicht so ganz natürlich – als käme es Ihnen selbst seltsam vor. Ich scheine trocken oft teilnahmslos u. kühl – und bin doch ganz anders. Ich hange so sehr an Ihnen – mit und in allem was geistig an mir ist. Nur damit. Walter füllt für mich jenen andern Teil aus – den irdisch-sinnlichen.*

Am 28. September meldet sich Andreas, kaum angekommen und alle Selbstzweifel hinter sich lassend, zum ersten Mal aus der Kunst- und Geistesmetropole. «Ein junger Mensch am Ziel einer langen Hoffnung». Absender: *Andreas Walser peintre, Hôtel Edgar Quinet 17, Paris 14e.*

«Ja – und irgendwie kommt es mir doch nicht so bedeutungslos vor, dass ich jetzt da bin und gestern zu malen begann hier u. nun ein paar Bilder um mich habe – denn ich fühle mich ausserordentlich mutig und fähig.»

An Bärby Hunger, 19.10.1928

Zwei vereint stehende Figuren, Paris, 1929,
im Atelier in der rue Bardinet,
Öl auf Leinwand (verschollen)

«Ich sehe auf die Bilder nieder am Boden, Strassenbilder bei Tag oder Nacht aus Paris (im Atelier gemalt) und Köpfe und Natures-mortes.»

An Bärby Hunger, 24.10.1928

Blick in das Atelier in der rue Bardinet, Paris, 1929

Bei der Ateliersuche hat Andreas Glück. Schon Mitte Oktober bezieht er in der rue Bardinet 16bis, Villa Léone, Paris 14e das Atelier IV. Den Glanz der Stadt lässt er auch mit Vorliebe im Café du Dôme auf sich einwirken, wo er eine seiner ersten Pariser Bekanntschaften macht. Der deutsche Dichter Albert H. Rausch erinnert sich viele Jahre später:

«An einem der wahllosesten Orte, die es in Paris gibt, mussten wir uns begegnen, auf der Terrasse jenes Cafés, wo sich die Fragwürdigkeiten der Kontinente Abend für Abend zu einem trostlosen Nebeneinander einfinden: alle Armut, alles Laster, aller Wahn, alle Eitelkeit, alle Verzweiflung. Hunderte von Gesichtern, zermürbte, fanatische, hungernde, graugelbe oder verschminkte, im Kokain verquollene oder entrückte – und über ihnen allen ein einziges Antlitz, fern und unbeteiligt, ohne es zu wissen, das deine.»

In seinem im Dezember in der Zeitschrift «Montparnasse» veröffentlichten Aufsatz über das Café du Dôme malt Walser in seiner Paris-Verliebtheit diese *brandende Insel im Meere* und Schau-Bühne in helleren und sinnlicheren Farben. Er berichtet von feinen und schönen Köpfen, die sich über Gläser neigen, und die der Pariser Abend alle vereint. Marmortischchen mit Messingfassung, aufsteigender Rauch, nippende Lippen, Eingang in rotes Licht getaucht. Lebte Delacroix noch, würde er im Dôme sein Pfeifchen rauchen und träumen, malt sich Walser aus.

In gehobener Stimmung will Andreas, vermutlich nicht nur im Unernst, einen Sekretär anstellen. In einem um vier Uhr morgens schlafend und Kaffee trinkend im Café du Dôme geschriebenen Brief an Emmanuel Boudot-Lamotte («Nel»), bezeichnet Walser das Dôme als sein zweites Domizil, berichtet von einer grossen Leinwand, die er begonnen habe, und endet mit der Bitte an den Freund, den Brief aufzubewahren und in hundert Jahren zu verkaufen – als

Brief an Emmanuel Boudot-Lamotte, Paris, 28.5.1929

Dokument des 20. Jahrhunderts aus dem legendären Café du Dôme. Oder weil der später berühmt gewordene Künstler Andréas Walser der Verfasser des Briefes war?

Walsers Atelier, in dem es nach Ölfarbe, Firnis und Orangen riecht, ist für Rausch reine Bohème – überhitzt, verwirrend viele Bilder in allen Zuständen, gerollt, geglättet, gerahmt, ungerahmt, das Ganze ein beängstigender Ausbruch existenziellen Kunstwillens.

Im Atelier, in dem es nie ganz Tag wird, befallen Andreas Albträume vom Tod seines älteren Bruders Florian, der 1923 mit siebzehn Jahren an Tuberkulose starb. Walser malt gegen lähmende Müdigkeit an, wagt sich dennoch an grössere Formate, stellt fest, dass ihm 300 francs fehlen, und bittet Bärby, ihm etwas Geld zu schicken. Die Eltern wollen auf keinen Fall, dass ihr Sohn als bedürftiger Maler in Paris vegetieren muss, mahnen Sparsamkeit und Beschränkung auf das Nötige an und überweisen ihrerseits Geld an die rue Bardinet, weil sie Andreas' Pariser Leben auch als Ausbildung sehen.

Am 17. April 1929 meldet France-Soir die Ankunft eines jungen Schweizer Malers: Andreas Walser. Er stamme aus Graubünden, wo in einer Sprache gesprochen werde, die Rätoromanisch heisse und sich anhöre wie Esperanto. Walser sei ein Freund Jean Cocteaus und Pablo Picassos und werde demnächst in einer Galerie ausstellen, die mit Vorliebe Arbeiten von seltsamen und ausländischen (étranges et étrangers) Künstlern zeige.

Eine nützliche Facette von Walsers Persönlichkeit kommt von Anfang an zum Tragen: die staunenswerte Leichtigkeit, sich in die Pariser Kunstszene einzufädeln. In dieses Kapitel gehört die Hartnäckigkeit, mit der Andreas die Nähe zu Picasso sucht, vor dessen Atelier er mehrmals stundenlang auf etwas – wie könnte es anders sein – *ganz unerhört Grosses* wartend, ausharrt und Bilder und Namen hinterlässt, wenn Picasso nicht zu Hause ist, um ihn zu empfangen. Walser kommt schliesslich doch zum ersehnten Rendez-vous mit dem Berühmtesten der Grössten, zu denen er mit allen Mitteln hinauf will.

Sie arbeiten mit Ihrem Herzen, das ist das Wichtigste. Machen Sie weiter so und Sie werden es zu etwas bringen, sei er von Picasso ermutigt worden, nachdem dieser die zwanzig Kartons mit Walserbildern in Augenschein genommen habe.

ô ce Picasso!

«ô, ce Picasso!
ist das schön für mich jungen Menschen.»

An Bärby Hunger, 2.2.1929

«Komme von Picasso u. bin halb verrückt vor Freude.»

An Bärby Hunger, 2.2.1929

Portrait Pablo Picasso, Öl auf Leinwand, Paris 28.12.1928

Zärtliche Grüsse von Jean Cocteau

Auch im Brief an Jean Cocteau vom 21. Januar 1929 wählt Walser die Direttissima: Er sei Maler, komme aus der Schweiz, sein Französisch sei schlecht, trotzdem wage er es, dem geliebten Cocteau zu schreiben. Im Augenblick sei er krank, doch habe er zur Ablenkung Bücher des Meisters um sich herum. Andreas wünscht gute Besserung und hofft auf ein Treffen in Paris nach Cocteaus Rückkehr in die Stadt.

«Vorletzte Nacht schrieb ich an Cocteau – Du weisst –
er ist schwer leidend in einem Spital – (infolge Opium)
u. ich darf sein Freund sein!»

An Bärby Hunger, 15.2.1929

Le mystère laïc, Öl auf Karton, Paris, 1928/29

Cocteau, aus Walsers Sicht Picassos bester Freund und als grösster französischer Dichter (Walser) seinerseits eine Berühmtheit, antwortet mit einem homoerotisch aufgeladenen illustrierten Brief aus Saint-Cloud, wo er sich zur Zeit in einer Klinik einer Opium-Entziehungskur unterzieht.

Andreas bewundere ihn nicht nur, erfährt Cocteau, sondern: *Je vous aime.* In einem späteren Brief brechen die Dämme und das zur Euphorie gesteigerte Selbstbild Walsers weicht dem Ekel am eigenen Körper und dem Gefühl, verrückt geworden zu sein. Er habe keinen Pass und fürchte sich vor der Polizei. Zum Glück würden seine letzten Bilder bessere Figur machen als ihr Schöpfer.

Die Lektüre des Buchs «Le mystère laïc» (1928), in dem Cocteau Giorgio de Chirico gegen die Angriffe der Surrealisten verteidigt, hilft dem jungen Freund über Apathie, Fieber und Schmerzen hinweg. Im Traum wähnt sich Walser in Cocteaus Nähe, erzählt ihm zur Ablenkung stundenlang von der Stadt Paris, aus seinem Leben und von seiner Arbeit. Der grosse Künstler hört dem Träumenden zu und bringt Zeichnungen zu Papier, die schöner sind als alles, was Andreas bisher von ihm gesehen hat.

Andreas malt die Ölbilder «Portrait Jean Cocteau», «Le mystère laïc» und das bis heute unauffindbare Bild «Picasso und Cocteau am Meere sitzend», das er für seine bisher beste Arbeit hält, während ihn der verliebte Cocteau in eine ebenso nützliche wie gefährliche gesellschaftliche Umlaufbahn bringt. Fortan gehört neben Raymond Radiguet, Jean Desbordes und anderen Literatur- und Kunststernen auch der Churer Pfarrerssohn zu den Cocteau-Intimi, die engere Freunde ihres Schöpfers seien als die eigenen Werke. Der fünfzackige Stern, mit dem der Dichter auch seine Herzensbriefe an den «cher petit» schmückt, tauchen ab jetzt auch da und dort in Walsers eigenen Briefen, Bildern und Texten auf.

Albert Rausch hatte Andreas im Frühjahr 1929 bei einem Abendessen unter blühenden Pflaumenbäumen gewarnt und ihn aufgefordert, Cocteaus Haus zu meiden, literarische Grösse seines Bewohners hin oder her. Das Liebeswerben Cocteaus endet im Dezember 1929 mit einer Nachricht, die alles im Dunkeln lässt: Andréas solle ihm nicht böse sein. Er arbeite wie verrückt und habe nichts als Ärger. Er werde verreisen und in zwei Wochen wiederkommen. Zärtliche Grüsse Jean.

«Und Du weisst ja – ich leide auch an Ideen – vielleicht am meisten dort – u. kann doch nichts ändern.»

An Bärby Hunger, 11.5.1929

Le mystère, Tusche auf Papier, Paris, 1929

Ich bin hart am Tode vorbeigegangen – langes vollständiges aussetzen des Herzens (4 ärzte arbeiteten an mir – die ich alle nicht erkannte – ich war geistlos).

Der lange Brief an Bärby Hunger vom 4. Mai 1929 zeigt Walsers Potenzial zur Selbstvernichtung besonders schonungslos. Mit wackeligem Schriftbild und in gehetztem Duktus berichtet Andreas von seiner Katastrophe als *Urereignis*. Ein Arzt diagnostiziert eine vollständige Vergiftung, nachdem Walser neben Unmengen Kaffee auch Tinte und Malöl zu verschlingen versuchte und das Gegengift mit Morphium- und Opiumzusatz restlos ausgetrunken hat. Walser ist grün am ganzen Körper. Eine Koffeinspritze beruhigt ihn. Zitternd findet er zum Malen zurück und fühlt sich trotz geschwächten Körpers *geistig und künstlerisch* sehr stark. Nicht noch einmal will er so tief sinken, beschwichtigt er.

«Inzwischen arbeite ich u. lerne, morgen suche ich meinen Photographen auf.»

Andreas Walser an den Bruder Peter, 8.1.1929

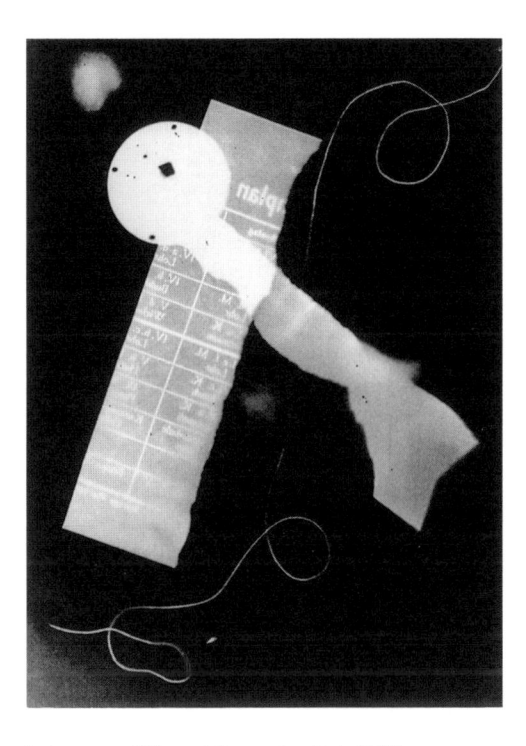

Fotogramm, Silbergelatinepapier, Paris, 1929

Tscharkalari A.

Aufgehellte Stimmung mit Louvre-Besuch und Termin bei Picasso. Cocteau ist nach seiner Entziehungskur wieder in Paris. Maurice Sachs kauft Walser Bilder und Dutzende Zeichnungen ab. Andreas kündigt seinen Besuch in Chur an. Im Atelier stehen neue Bilder und Rosen. Galerien zeigen sich interessiert, und Walser nimmt an der Gruppenausstellung «Abstraction» mit Georges Vantongerloo, Joaquín Torres-García und Otto Freundlich teil. Weitere Ausstellungs- und Lebensprojekte: Studium am Bauhaus, Afrika *(Ich brauche die Verzauberung)*. Lektüre der Märchen aus Tausendundeiner Nacht. Bekanntschaft mit dem Fotografen Maurice Tabard, dessen Experimente mit fotografischen Techniken Walser zu eigenen Fotogrammen anregen.

Lediglich mit einem Amerikaner und einem Franzosen sei er je ein Mal zusammen gewesen, sonst habe er in letzter Zeit allein geschlafen, um frühmorgens pünktlich bei Tabard zu sein, teilt Walser Albert Rausch mit. Zwei Mal habe er Äther geatmet, dann aber die Finger davon gelassen.
    Voller Sorge der Brief von Mutter Walser an Rausch vom 30. Mai 1929: Vom Konto, das die Eltern dem Sohn beim Crédit Lyonnais eröffnet hätten, habe Andreas seit Ende März keinen franc mehr bezogen, wie dem Kontoauszug zu entnehmen sei. Dabei brauche er doch für sein Auskommen ungefähr 300 francs monatlich. Andreas habe zwar verschiedentlich von Verkäufen, aber auch von Erkrankungen geschrieben, allerdings und begreiflicherweise kein Wort zur *Kaffeevergiftung* und zu anderen *Übertreibungen*.

Die Sommerwochen 1929 verbringt Walser in Graubünden. Guter Schlaf, leichteres Leben trotz Nervosität. Kühle Abende, Glockengeläut, langsamer Übergang in die Nacht, die für Andreas heller ist als der Tag: *Meine zweite Welt*. Beschäftigung mit einem Breughel-Buch, das erneut die Sehnsucht weckt, auch ein grosser Maler zu werden. Andreas glaubt, es in Paris nicht mehr lange auszuhalten, fasst Berlin ins Auge und freut sich auf den Besuch bei Kirchner auf dem Wildboden, dem einzigen Vertrauten ausser Bärby, dem

«Oh diese nächte von damals, als ich fort – einfach fort vom Leben wollte – und doch noch da bin und da sein werde manche Nacht wie wird das noch werden – wenn ich wieder weg bin und ganz allein mit allem fertig werden muss.»

An Bärby Hunger, 2.8.1929

Ohne Titel, Tusche, 1928

«Ohne die ausserordentliche Hilfe eines Freundes wäre ich diesmal elendiglich zugrunde gegangen.»

An Bärby Hunger, 15.10.1929

Ohne Titel, Tusche auf Pergamentpapier, Paris, 1929

er alles sagen kann und der alles versteht. Walser hat Kirchner wieder eigene Fotos neuer Arbeiten geschickt. Kirchner ist angetan und will Walser dem deutschen Bauhausmaler Fritz Winter vorstellen, «damit der Süden und der Norden sich treffen.»

Kirchner freut sich über Walsers gesundes Aussehen und ist erleichtert, dass sich die Verehrung des grossen Meisters, der er nie habe sein wollen, in Freundschaft gewandelt hat.

Andreas besucht das Grab Florians, über dessen Tod er nie hinweggekommen ist. Das Zusammensein mit den Eltern und Peter verläuft harmonisch. Dennoch plagen Walser Fremdheitsgefühle. Bärby solle die Cocteau- und Kirchnerbriefe behalten, die niemand sonst gelesen habe. Von seiner Remarque-Lektüre ist Andreas ergriffen. Eine Tagestour in den Bündner Bergen lenkt von Melancholie und bösen Ahnungen ab. Im Ohr hat Walser die Warnung einer russischen Bildhauerin in Paris, seine Gesundheit nicht leichtsinnig zu ruinieren.

An Bärby: *Mein Weg geht nach unten jetzt – ob ich je wieder fortkomme darüber weg?*

Ein paar gelungene Aquarelle. Ein wunderbarer Tag bei Kirchner, dem wirklichen Freund. Seltener Übermut in unbeschwert kindlicher Manier:

Liebes Bärby, ich habe Dir nichts zu sagen – ich grüsse Dich herzlich ich liebe Dich u. drücke Dir Deine (kraftvolle) Hand u. küsse Dir in Gedanken Deine «Resonanzstirne» u. Deine «starke» Nase (Pass) Dein uralter Tscharkalari A –

Dann wieder das nicht zu vertreibende Gefühl, sich selbst nicht entfliehen zu können, *gemartert eher vom Ich eines Mannes als dem eines 21jährigen*. Das drängende Gefühl, aus Chur abreisen zu müssen.

Neue Pariser Adresse: Vénétia-Hôtel, 159 Boulevard du Montparnasse, chambres avec salles de bains et cabinets de toilette, dernier confort. Walser hat das Gefühl, künstlerisch endgültig aus Picassos Schatten getreten zu sein, und erwartet dessen Besuch. Das Hotelzimmer ist vollgestopft mit neuen Bildern. Andreas fühlt sich erfüllt von Farben und Linien, die er wiedergeben will. Und wieder erfahren die Eltern, wovon ihr Sohn, was die Einrichtung angeht, umgeben ist: Bett, Spiegelschrank, Sekretär mit Schublade, Tisch,

«Habe gestern die Nacht durch ohne elterliches Wissen gemalt u. bin müde u. … kanns eben doch nicht lassen.»

An Bärby Hunger, 27.7.1929

Ohne Titel, Tusche und Aquarell auf Papier, 1929

Heizung, Balkon auf den Boulevard (bequem zum Malen). Zudem fast kohlenstaubfreie Luft, viel Sonne. Gebrauchte Servietten werden täglich ausgewechselt, der mit Teppich belegte Fussboden mit dem Staubsauger gereinigt. Die drei letzten Bilder seien entschiedene Fortschritte. Gedanken an Dessau (Bauhaus) und Berlin. Und: *Paris? Ich bitte Euch, mir zu sagen, ob ich bleiben soll* –

Kirchners Warnung

Von seinem Balkon aus unternimmt Walser eine literarische Gedanken- und Empfindungsreise, die von den kraftspendenden Bündner Bergen über eine halluzinierte Métro-Station mit Namen Höllentor (Porte d'Enfer) hin zum eigenen Tod führt, den Walser schreibend diesmal nicht ankündigt, sondern vorwegnimmt: *Heute Morgen – meine Freunde – bin ich gestorben.*

Das Protokoll dieser poetischen Fahrt in die Finsternis ist ein von Tuschezeichnungen begleitetes Langgedicht voller Beschwörung, Pathos, Weltschmerz und Todessehnsucht, ein Abgesang auf das Pariser Leben auch: «Le balcon», geschrieben im Oktober 1929 und dem Bruderfreund Peter gewidmet. Vom winzigen Balkon im fünften Stock seines Hotelzimmers aus und unter Sternenhimmel richtet Walser sein Lamento an die geliebte, ja angebetete Jugend. Er verinnerlicht die Stimmen, die ihn immer schon gewarnt haben, tritt nun selber als Warner auf und fordert in seiner Anrufung die jungen Leute auf, ihre Gesundheit zu lieben.

Geblieben ist Andreas sein kleiner schwarzer Kater, den er in seinem Balkon-Gedicht in den Armen hält und der ihn anschaut, als könne er den Schmerz des jungen Mannes verstehen. *Mein Kater – wenn ich vor dir sterbe / wache über meinen Körper / wie ich über deinen wachen würde. / Lass niemanden herein in unseren Tempel.*

Kirchner bittet Andreas, ihn vom Ehrenwort zu entbinden, den Eltern nichts von seinem «falsch fahrenden Lebensschifflein» zu sagen. Auch Bärby leidet darunter, die schlimmen Zustände ihres dem Gift ausgelieferten Vertrauten stillschweigend und hilflos noch länger ertragen zu müssen. Kirchner fragt sich, wie Walser eigentlich in die Sucht hineingeraten sei und hat auch die Antwort: Paris! Eine Gefahr für die jungen Menschen. Weggehen! Krankheiten lauern. Es einmal mit der «natürlichen» Liebe (Frau) versuchen, denn: «Ihre Homosexualität ist bloss Angst vor dem Unbekannten, glauben Sie mir, und Ihre Depressionen sind nur aus der Hemmung zu verstehen.» Ihre Gedichte, lieber Walser, sind schön, das Leben auch. Walt Whitman lesen hat auch

«Ich nahm mehrere Gramm Morphium.
Noch schmerzen mich d. vielen starken
Einspritzungen – aber viel weniger als
gestern – ich bin geistig angeregt wie nie
u. schreibe aphorismen für mich.»

An Bärby Hunger, 15.10.1929

Abstraction 201 rouge – 2 têtes (morphine), Öl und Gips auf Leinwand, Paris, 2.5.1929

mir geholfen in jungen Jahren, schreibt Kirchner, schickt Walser Whitmans Gedichtzyklus «Leaves of Grass» («Grasblätter») und erkundigt sich, wie es nun mit Dessau und dem Bauhaus stehe.

Kirchner rät zu einer Entziehungskur von vier bis sechs Wochen in einer Anstalt, wenn möglich ohne Wissen der Eltern. Er war 1916 selber Patient in verschiedenen deutschen Sanatorien (Alkoholsucht, Morphiumabhängigkeit). Und seine erste Davoser Zeit 1917 war unterbrochen von einem zweiten mehrwöchigen Klinikaufenthalt im Sanatorium Bellevue in Kreuzlingen wegen Lähmungserscheinungen vor allem. Doch sei der Maler «geistig völlig klar» gewesen, bei allerdings erschreckend elendem körperlichem Zustand, so Kirchners Lebensgefährtin Erna Schilling.

Die Grossstadt verschlingt zwar den jungen Maler, aber ihr Gewühl und ihre zuweilen kaum auszuhaltende Schönheit sind unverzichtbare Voraussetzung für sein künstlerisches Weiterkommen, genauso wie das unablässige Auf und ab Schwanken zwischen Himmel und Hölle, denkt Walser.

Oktober 1929. Wieder Morphium. Bärby schreibt Kirchner und bittet ihn, ausschliesslich ihr zu antworten, auf keinen Fall Papa und Mama. Bei Andreas steigert sich der immer heftigere Wunsch, sterben zu wollen, zur Todes-Litanei: *Ich bin jung gestorben / bei vollem Bewusstsein / Ich habe mich zu den alten Toten gesellt / die nicht den Mut hatten, früher zu gehen.* Walser quält auch das Gefühl, dem Gespenst, das ihm immer mehr die Kehle zuschnürt, nirgendwohin mehr entfliehen zu können. Trotz allem hat er Pläne für grosse Bilder.

Kirchner weiss, wovon er schreibt, als er Bärby mitteilt, dass Walsers Vorstellung, mit Hilfe von Drogen bessere Kunst hervorzubringen, wahnhaft sei. Die Sucht hatte ihn nach der Entlassung aus dem «blutigen Karneval» des Kriegsdienstes (1917) seelisch und körperlich zerstört und seine künstlerische Kraft zum Versiegen gebracht. Erst mit der Übersiedlung nach Davos im Mai 1917 besserte sich Kirchners Zustand und Morphiumabhängigkeit allmählich, aber nicht dauerhaft. Am 18. Juni 1938 wird sich Kirchner in der Nähe des Wildbodenhauses das Leben nehmen.

Kirchner sieht bei Walser Selbstbetrug und befürchtet den Selbstmord des jungen Mannes, der ja nicht nur ein Freund, sondern auch eine künstlerische Hoffnung ist.

«Im Februar 1929 werde ich eine Ausstellung machen in der Galerie Marck rue Bonaparte. Meine Bilder gefallen dort sehr.»

An Bärby Hunger, 16.11.1928

Ohne Titel, Öl auf Karton, Paris, 1928

Aus Paris kommen schlechte Nachrichten. Emmanuel Boudot-Lamotte schreibt Bärby, das «enfant terrible» sei immer noch sehr krank. Andreas sieht sich im Spiegel als *gotische Fratze*, aus der alle Schönheit gewichen ist, berichtet aber auch von Arbeitsschüben und dem Drang nach grossen Formaten. Alle verschollen.

Arzttermin mit Untersuchung der Lunge wegen starker Schmerzen und Atemnot. Walser gaukelt sich Zuversicht vor. Er schlafe nie vor 6 Uhr morgens und zurzeit auch nur mit Mitteln ein. Auf dem Bett liegend schreibt er unablässig – ganze Bücher. Geldprobleme. *Embêté de mille choses.* Weiter dem Morphium zu widerstehen sei hart.

Treffen mit Suzanne Valadon, Malerin und Mutter des von Walser hochgeschätzten Maurice Utrillo. Rendez-vous mit Colette. Aus Berlin schickt die Dichterin Ricarda Huch dem lieben jungen Freund ihre Gedichte, begleitet von guten Wünschen für Genesung, neuen Glanz im Leben und frohe Tage. Sie wundert sich, dass Walser ausgerechnet ihr in französischer und nicht in deutscher Sprache geschrieben hat und erkundigt sich, ob Deutsch denn nicht seine Muttersprache sei.

In drei Wochen sollte der Wegzug nach Chur möglich sein. Kirchner freut sich, neue Arbeiten zu sehen.

Lebensfurcht. Todesfurcht.

Walser führt in kurzen Notaten, die er als Aphorismen und Liebesbriefe deklariert und mit dem Cocteau-Stern schmückt, weiter Buch über das Unhaltbare: Aus eigener Schuld zerstörte Gesundheit und Scham, so hässlich geworden zu sein. Klare Gedanken verlieren zuweilen Kontur und Verständlichkeit oder kippen ins Absurde: Frankreich und vor allem Paris sind nichts als ein verlassener Garten. Gott ist nicht einfach, lass uns die Einfachheit lieben, die Eltern sind der Bilderrahmen zu einem Meisterwerk. Manchmal liebt das Bild seinen Rahmen. Was oft vergessen ging: Schwarz ist das Leben, weiss der Tod.

Weihnachten und Neujahr verbringt Andreas bei der Familie in Chur. Zurück in Paris bezieht er sein letztes Domizil: rue Armand Moisant 6, Paris

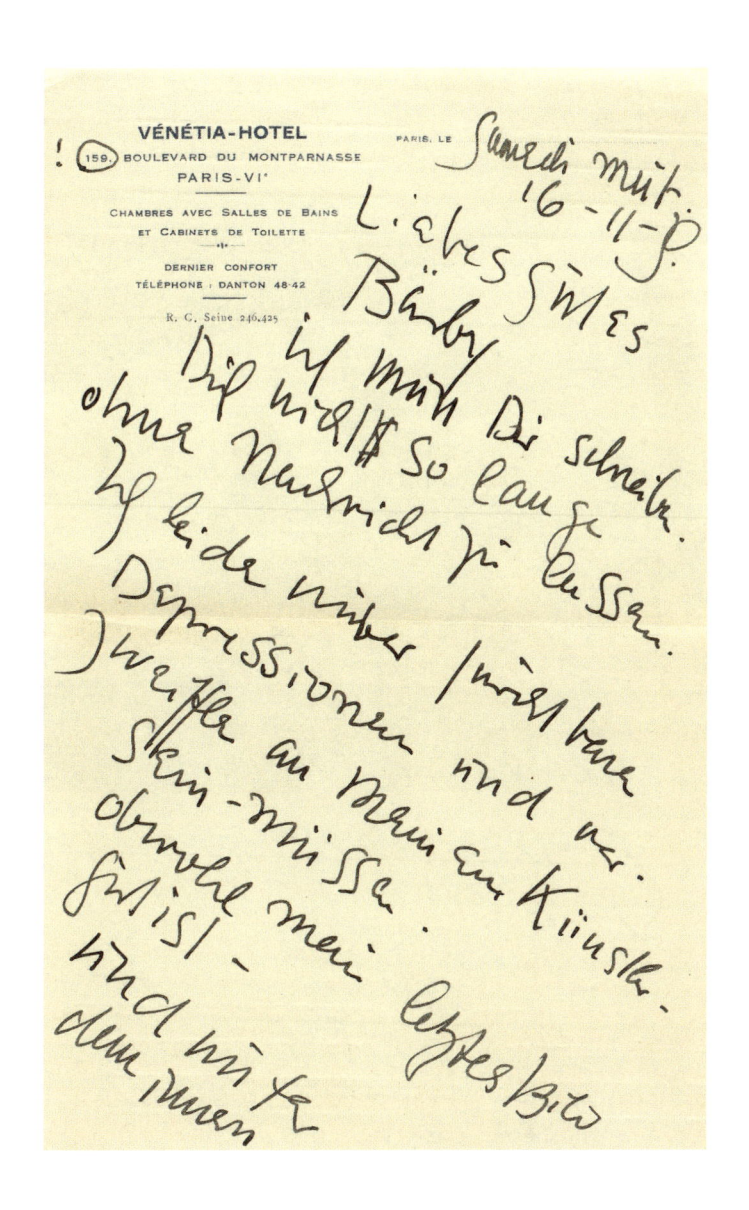

«Ich leide unter furchtbaren Depressionen und verzweifle an meinem Künstler-sein-müssen.»

An Bärby Hunger, 16.11.1929

«Ich freue mich für Sie, dass Sie so nette Freunde haben, die Sie nach Corsika mitnahmen. Das ist eine schöne, milde Insel. Ich kenne sie aus dem Kino.»

Ernst Ludwig Kirchner an Andreas Walser, 3.3.1930

Andreas Walser vermutlich mit Guy de la Pierre, Korsika, Februar 1930

15e. Andreas richtet sich bei seinem Freund, dem Musiker Guy de la Pierre ein Atelier ein. Auch von diesem letzten Lebens-Raum können sich die Eltern anhand eines Briefes samt Planskizze ein Bild machen: Waschbecken gross mit Spiegel, 4 hohe Fenster, Treppe auf den Balkon mit Platz für Bilder unter der Treppe, grosses Waschbecken mit Spiegel, Diwan, Ofen, mit grauer Leinwand behängte Wände, Bücher, Guys Klavier (Flügel).

Bilder vom Meer. Tod.

Am 20. Januar 1930 erfährt Bärby, der Freund sei schwer erkrankt. Vergiftung. Nur ein Wunder könne ihn retten, sage der Arzt. Er wache zitternd am Bett seines lieben Freundes., sei zerstört und verstehe überhaupt nichts mehr. Doch schon am 23. Januar erfährt sie, dass es Guy seit kurzem besser gehe und der Arzt eine Erholungsreise in den Süden bewilligt habe. Von Marseille aus wolle man, zusammen mit dem gemeinsamen Freund Hans-Adalbert von Maltzahn, der etwas später dazu stosse, wahrscheinlich nach Korsika aufbrechen.

Postkarte an Bärby vom 24. Januar: Das Wetter sei schön, das Befinden besser, alles gut soweit, man werde die Reise fortsetzen. Ganz liebe Grüsse von Guy de la Pierre (von ihm geschrieben) und Andréas.

Mediterane Euphorie: Blauer Himmel, dieses Licht hier, diese Luft und Sonne! tief blaugrünes Meer. Marseille sei unvergleichlich schön. *Guy fühlt sich wohl und hier zu sein ist das schönste für mich jetzt und beste*, erfahren Eltern und Bruder Peter. Andreas ist glücklich und alles ist ihm neu.

3. Februar 1930: Weiterreise der Freunde nach Ajaccio. Korsika sei herrlich, das Meer unendlich gross und schön. Warum eigentlich zurück nach Paris? Auch Guy geht es inzwischen besser. Dies ist nicht der Ort, um zu arbeiten. Nach den lebensbedrohenden Pariser Krisen zählen jetzt Lebenszuversicht und die Suche nach neuen Wegen in der eigenen Kunst. Und dies durchaus im Bewusstsein, Bilder geschaffen zu haben, die bleiben werden. Die sonst allumfassende Sehnsucht hat jetzt ein klares Ziel: Leinwände und Farben, die in Andreas *schreien*.

Kirchner erkundigt sich nach dem Malen und Zeichnen auf der schönen und milden Insel. Er kennt Korsika von einem Kinobesuch und möchte wissen, wann einmal «echte Walser» zu erwarten seien.

Zurück in Paris schickt Walser seinem Bruder Peter Zeichnungen, die zeigen sollen, wie seine allerletzten Bilder (nach Ajaccio) aussehen. Er berichtet von drei grossen Leinwänden *badender Gestalten am Meer*. In den Galerien will sich Andreas nach Neuem umsehen und morgen Picasso besuchen. Kann sein, dass Gertrude Stein ein Bild kaufen wird. Die Muscheln, die Walser aus dem

Golf von Ajaccio gefischt hat, gehen bald auf die Post Richtung Graubünden. Andreas freut sich, Peter bald wiederzusehen. Getrennt vom Bruder zu leben fällt ihm schwer, auch wenn man sich gerade durch die Entfernung besonders nahe sei.

Im letzten Brief an den Bruder vom 14. März 1930 schreibt Andreas auch von einem Bild, das ihm neue Wege zeige – mit Skizze: *Der Ausdruck zweier paar Augen, die sich zum ersten Male treffen. Grösse unseres Küchentisches.* Verschollen.

Vier Tage vor seinem Tod bittet Andreas im letzten erhaltenen Brief seinen Freund Albert Rausch eindringlich, niemandem gegenüber seinen Namen zu erwähnen. Er habe bis zur Erschöpfung an einem grossen Bild gearbeitet. Jetzt sei Mitternacht. Er würde sich mit seinem Freund noch ins Select aufmachen. Bis bald, Dein Freund Andréas, 16. März, Paris.

Am 19. März 1930 stirbt Andreas Walser drei Wochen vor seinem 22. Geburtstag. Die Todesursache ist naheliegend, aber nicht zu beweisen.

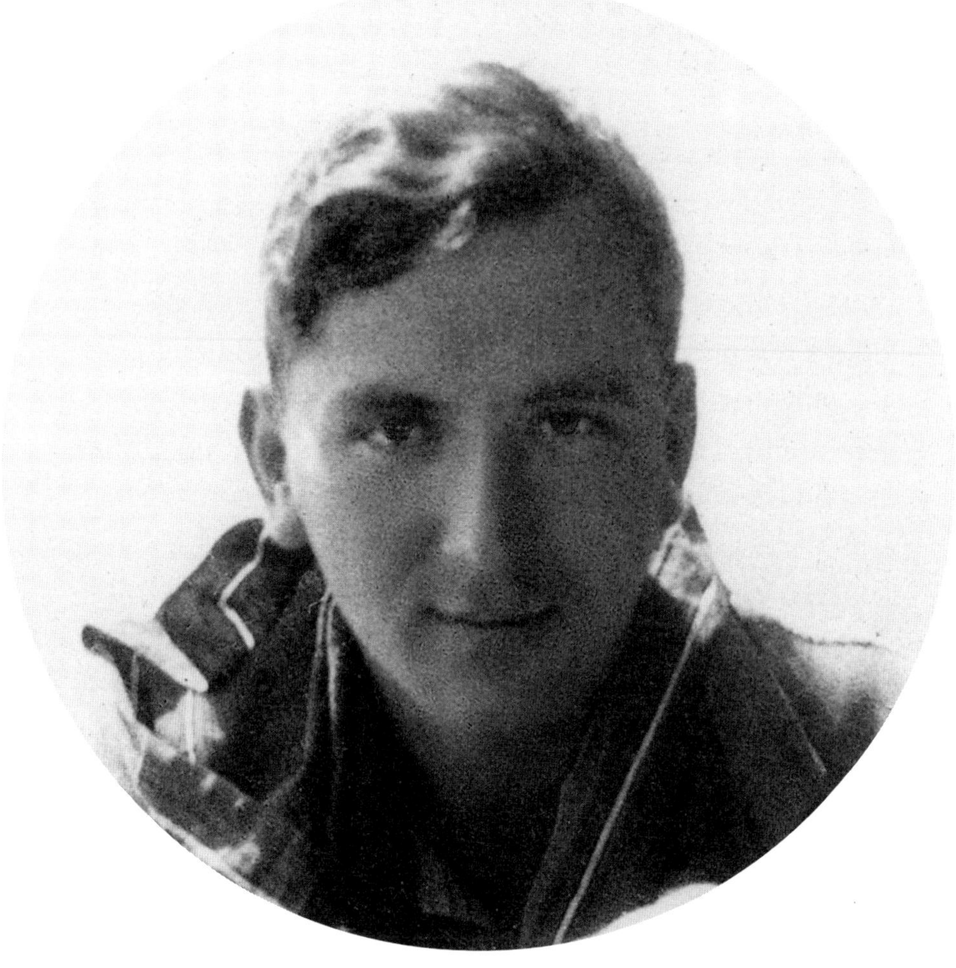

Am Dienstag traf in Chur die Nachricht ein, dass der junge, vielversprechende, zu Studienzwecken seit 1 1/2 Jahren in Paris weilende Andreas Walser schwer erkrankt sei. Am gleichen Tage noch kam ein weiterer Bericht, die Angehörigen mögen sofort abreisen, der Kranke schwebe in Lebensgefahr. Mit dem Frühzug am Mittwoch reisten die Mutter und der Bruder nach Paris, und als sie ankamen, war der arme Andreas bereits einer akut verlaufenden Krankheit erlegen, vielleicht war es eine Grippe, die gegenwärtig in Paris epidemisch auftritt, vielleicht eine Brustfellentzündung oder beides? Genaue Mitteilungen sind zur Stunde nicht erhältlich.

Bündner Tagblatt, 22. März 1930

Die Eltern Else Walser-Gerber (1883 – 1935) und Peter Walser (1871 – 1938)
mit den Kindern Florian (1906 – 1923), Peter (1912 – 2002) und Andreas (1908 – 1930)

Chur

August 1927 – September 1928

Ohne Titel (Landschaft), Bleistift, Aquarell und Tempera auf Papier, 1928

4. August 1927

Liebe Fräulein Hunger,

Sie machen mir ganz unerwartet eine ausserordentlich grosse Freude. Diese 4 sehr schönen Rahmen samt Glas! Es sind – bes. das schmale – die schönsten meiner Antiquitäten-Rahmen. Und indem Sie sich bemühten, mir sogar das Glas mitzusenden – was eine Verpackung für ein Postpaket ja erheblich erschwert – haben Sie mir ein Geschenk von mehreren Franken allein in Glas gemacht ... Herzlichen Dank. – Seit ich hier bin (15.7.) habe ich einige wenige Bilder zustande gebracht – die dann vielleicht halten – ein paar Zeichnungen u. Aquarelle. Immer neue Probleme – neue eigene Ideen. Und im Herbst dann kommen Sie wieder in meine Churer Werkstatt u. nehmen etwas mit, das Ihnen gefällt – so als kleinen Beweis meiner Dankbarkeit! Sehen Sie, es freut mich so sehr, dass Sie jene Zeichnung von mir haben u. sie mit einem so günstigen R. versehen u. in Ihrem Zimmer hängen haben! Und wie sollte dies mich nicht freuen – wenn jemand an meinen Anfängen Gefallen findet u. mir Mut gibt, über die vielen Enttäuschungen hinwegzusehen – u. ich habe viele solche! Aber auch das ist gut, bes. für mich – Und dann u. wann bin ich dann auch zufrieden mit meiner Arbeit – vielleicht nur zu rasch. –

Liebe Fräulein Hunger – vielen – vielen Dank

Landschaft, Radierung auf hellbraunem Papier, um 1928

Andreas Walser, um 1928
Foto: Peter Walser

Freitag 18.11.27

Liebe Bärby –

hie und da drückt mich mein armer Kopf mehr denn sonst – ich leide so unter den geheizten Atmosphären, die man jetzt kaum umgehen kann – doch heute war's gar zu arg – da liess ich alles liegen u. ging. Wenn ich dann lange draussen bin – wie wohl wird mir dann. Und wenn ich überhaupt einmal ganz sein soll, ganz ich selbst, dann ist es unter freiem Himmel.
Ich male nun zum ersten Mal in Oel. Und wenn das Ergebnis auch ein ganz jämmerliches ist, so liebe ich an ihm doch meine erste Oelstudie: so gewissermassen ein wackeliger Grundstein zu einem Zukunfts-Himmel-Kratzer. Technisch werde ich natürlich noch zahllose Schwierigkeiten haben – ich habe dafür eben keine spez. Begabung; doch ich pfeife auf die sog. Handfertigkeit u. praktische Anwendung der Mittel – wenn man sonst nichts zu sagen hat. Technik lernt man an Kunstschulen, das Wesentliche muss man haben. –

Herzlichen Gruss u. Glückwunsch

Ihr ergebener

Andreas

In meiner Malbude Donnerstag

Mittag, 2.2.1928

Liebes Bärby,

Sehen Sie ich bin ein furchtbar seltsames Wesen, lebe u.
reibe mich auf in Kontrasten – u. scheine Ihnen vielleicht
mehr zu sein – obwohl ich dann wieder genau weiss,
dass auch etwas Grosses an mir hängt – das vielleicht nur
zu viel ist für mich –
Nun, das haben Sie von mir nicht erwartet: Sehen Sie,
wenn Sie sagen: «Du musst es einst selbst erleben – es
wühlt einen auf – man wird sich seiner erst bewusst …»
so liegt das schon hinter mir! –
Ich sage Ihnen alles wie es ist: – mir fehlt der Zug zum
weiblichen Geschlecht. Was ich aber um Freundschaft
gelitten habe – es war beinahe zu viel. Sie sitzen an Ihrem
Schreibtisch. Rechts über Ihnen hängt der «Violinspieler».
Denken Sie: um diesen Menschen habe ich mich mehr
denn ein Jahr lang in Schmerzen u. Qualen gepeinigt.
Auf ihn konzentrierte sich alle meine so früh aufgebrochene
Leidenschaft! – Bruno Giacometti! Er ist wunderschön,
die Zeichnung ist schwach dagegen – aber in Liebe
gezeichnet – u. als alles zu nichts geworden mancher
Schmerz darüber gegangen.

Bärby Hunger und Andreas Walser, um 1928

Es kamen Tage u. Zeiten wie der Herbst 1926 wo ich mit mir abgeschlossen hatte u. alles für verloren hielt u. gehen wollte! Einzig mein Können, meine Begabung rief mich zum Leben auf – ich bin so sehr meiner Kraft bewusst, dass ich in meinem Dasein eine Berufung sehe u. Pflicht zu schaffen – Furchtbar – denken Sie, wenn dann doch nichts daraus würde! Kann man sich selbst so täuschen!? So weit war ich schon, dass ich selbst keine Rücksicht auf Eltern u. Bruder mehr genommen hätte u. mich getötet hätte.

Hier in meiner Malbude habe ich alle meine schwersten Stunden allein verbracht – ich kann nicht weinen, wenn ich leide, aber in solchen Tagen u. Nächten kommt einem so recht die Tiefe unserer Seele zu Bewusstsein!

Ihr

Andreas

Das Atelier von Andreas Walser in Chur, 1928

Meine Malbude im Sonnenschein, Tusche mit Feder, 1926

Ich habe einen unerschütterlichen Glauben, dass sich ein Mensch, der etwas in sich fühlt, in diesen Jahren entwickeln, entfalten muss – jetzt, wo die Kraft noch jung und völlig ungebrochen ist …

Aus dem Brief an Bärby Hunger vom 10.4.1928

Andreas Walser, ca. 1928

Kirchturm Thusis, Öl auf Karton, 1928

Andreas Walser, 1928/29
Foto: Peter Walser

Chur, 2.3.1928

Mein liebes gutes Bärby

Ich weiss ja nichts – ich kenne mein Wesen, mein Schicksal nicht – nur das weiss ich: dass ich das was ich bin u. was ich werden kann – dass ich das zum grossen Teil nicht wäre, wenn es so weiter gegangen wie letzten Herbst. Das Leben hat mich zurückgewonnen, der ich am Anfang des Seins auch zugleich hart an seiner Grenze gestanden. Sie wissen um meine Empfindlichkeit, um meinen schwachen Willen in Dingen des alltäglichen Lebens, um meine überreizten Kräfte, meine sog. Gesundheit – Sie wissen, wie ich an mir u. andern, an mir aber vor allem, litt, u. leide – danach ermessen Sie die seelische Verwandtschaft, die Seele, die es braucht, solcher Kraft stand zu halten.
Und wenn ich manchmal langweilig bin – verzeihen Sie – die Müdigkeit u. die vielen Schmerzen sind Schuld daran – ich lebe nur von Augenblicken! Mein armer Kopf tut mir immer – sozusagen immer – weh, hämmert u. schmerzt – dass ich einfach nicht mehr kann u. teilnahmslos u. kühl scheine –
Dass es anders ist – im tiefen Grunde – das wissen Sie –

Ihr

Andreas

undatiert, vermutlich Frühjahr 1928

Liebes Bärby,

Ich sehe mich jetzt im Geiste in Paris. Arbeite, renne umher, beobachte, lebe mit, denke u. schreibe u. male wieder – – oh – ich werde furchtbar allein sein dort, wo so viele sind – allein – und zugleich so erfüllt von Sehnsucht nach einem grossen Ziele nun – das ist sicher – ich entwickle mich dann zu einem produktiven Briefschreiber – Ihnen und Walter – und ich habe ja die Gewissheit, dass noch Menschen sind, die mir helfen, die auf mich vertrauen – mir glauben und mich liebhaben werden.
Dann will ich alles dareinsetzen, durch meine Arbeit und durch mein Sein dieser Liebe würdig zu bleiben und – ewig dankbar.

Ihr Andreas

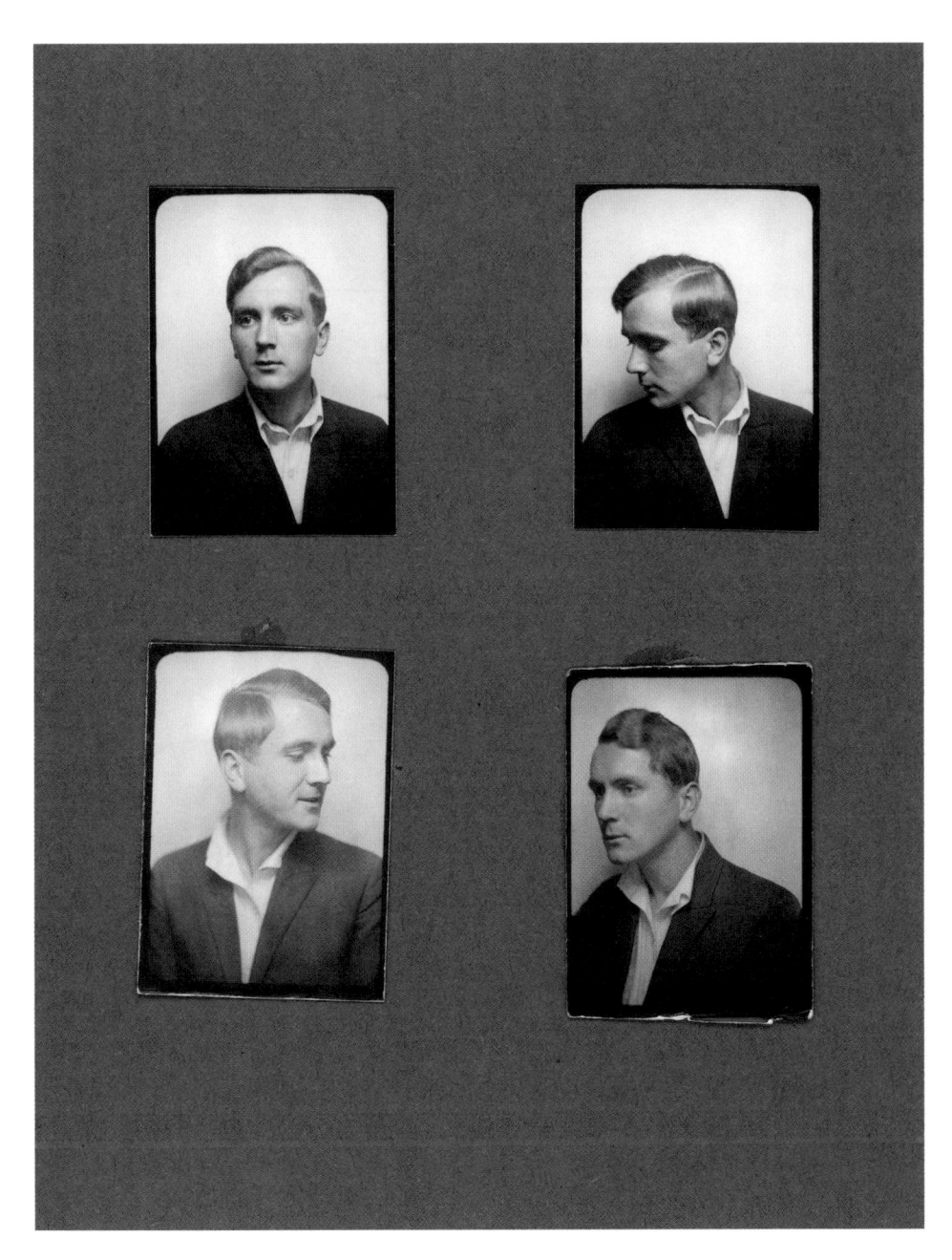

Andreas Walser, Familienalbum, ca. 1928

21.5.1928

Donnerstag-Mittag.

Liebes Bärby

Ich darf im Herbst nach Paris.
Augusto Giacometti ist heute Vormittag bei
Papa u. Mama gewesen u. hat es also erreicht.
Mündlicher Bericht folgt

Ihr Andreas

Ohne Titel, undatiert (Kopie nach Selbstporträt
Augusto Giacometti, 1910), Bleistiftzeichnung, gefirnisst, undatiert

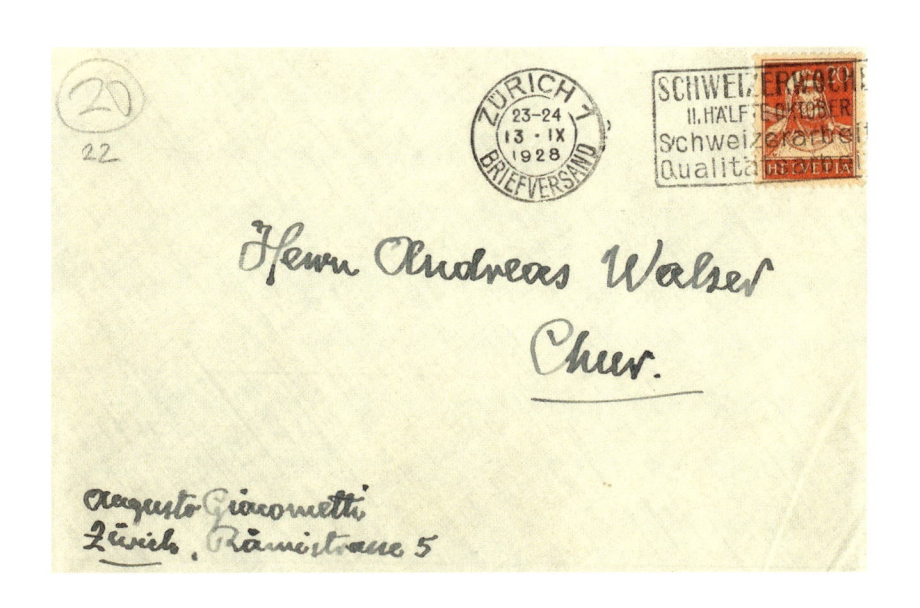

«Seien Sie kühn und stolz.
Man kann nicht kühn genug sein.»

Augusto Giacometti, 13.9.1928

Ernst Ludwig Kirchner, Selbstporträt vor dem Wildbodenhaus, ca. 1935

8.6.1928

Lieber Herr Walser,

ich werde mich freuen
Sie kennen zu lernen
Kommen Sie nur dann
Sonntag 24. Juni nach
Tisch und bringen Sie
einige Arbeiten von sich
mit, dann können
wir gut über Malerei
sprechen

Mit Gruss Ihr E L Kirchner

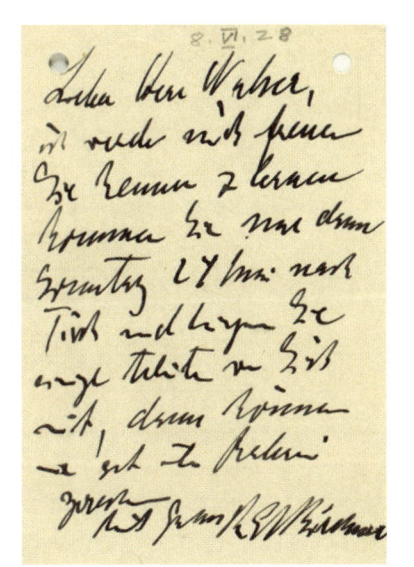

Postkarte von Ernst Ludwig Kirchner an Andreas Walser, 8.6.1928

Alle jungen Künstler, die zu mir kommen, werden von meiner Arbeit gepackt, und alle studieren in Paris, wo doch für die Welt die beste Kunst gemacht wird. Es muss aber doch was daran sein an meiner Arbeit, sonst kämen sie nicht. Das unmittelbare Schaffen aus Erlebnis und Natur habe ich doch allein, das packt die Jungen, die gesund empfinden.

Ernst Ludwig Kirchner, *Davoser Tagebuch*, 9. Dez. 1926, S. 146

Die Skulptur *Eva* (1921) von Ernst Ludwig Kirchner vor der Scheune neben dem Wildbodenhaus, ca. 1924

Andreas Walser, Fotografie eines verschollenen Ölbildes (1928) im Familienalbum

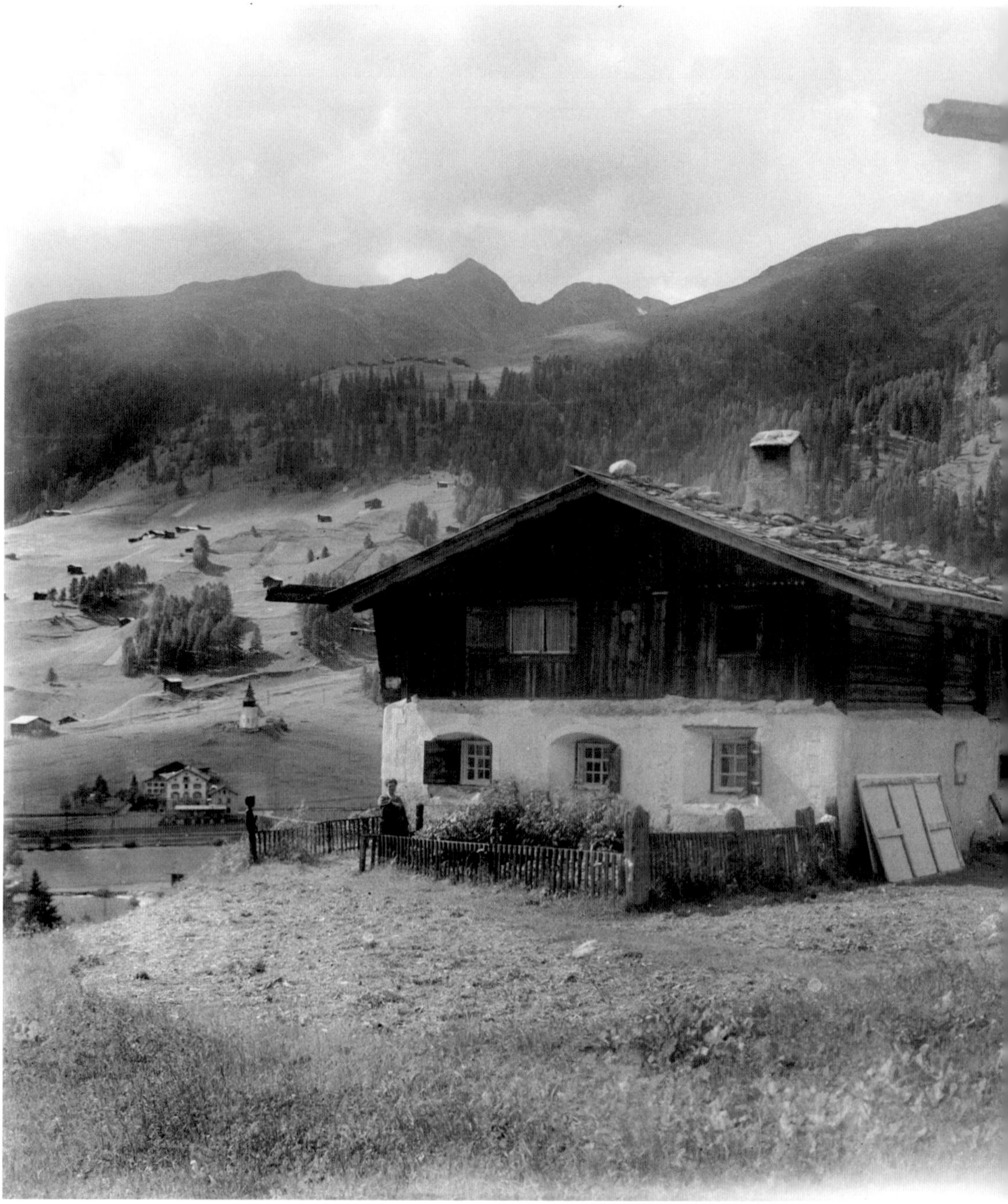

Blick auf das Wildbodenhaus, nach 1924
Foto: Ernst Ludwig Kirchner

Andreas Walser

Bei Ernst Ludwig Kirchner

Ich komme über Klosters herauf nach Davos. Dort drüben der Zauberberg? Vielleicht. Endlos lange Reihen, Liegestuhl an Liegestuhl. Zahllose offene Fenster. Wie viel Hoffnung liegt über diesen unglücklichen, kranken Menschen. Mirw ist, als höre ich ihre stumme Klage und sähe ihre Augen nach oben gerichtet, dem ewigen Blau zu, das sie dem Leben wiedergeben soll.

Auf dem Fussweg komme ich von Davos-Platz bei Frauenkirch den Hügel hinan, durch gelb blühende Wiesen, an zart gegliederten Lärchen vorbei. Dort draussen, wo der Hügel abfällt, steht noch eines jener kleinen Bauernhäuschen, wie man sie hier überall sieht. Dort wohnt Ernst Ludwig Kirchner. Dort hinter jenen Holzwänden, hier im Wald und auf diesen Wiesen entstehen die Bilder, die einmal zum Grossen gehören werden, was unsere Zeit geschaffen hat. In kleinem, sonnverbrannten Hüttchen wohnt er mit der Gattin, hierher zog er, als draussen der Krieg ausgebrochen war, krank und ohne Hoffnung, ein dem Tode naher Mensch. Die ihn kommen sahen, verhiessen, er werde nicht wieder gehen. Und er ging auch nicht wieder. Er blieb und fand hier seine Gesundheit und neue Kraft.

Kirchner kommt: klein von Gestalt. Er sieht jung aus, der Achtundvierzigjährige.

Ernst Ludwig Kirchner brachte das Neue. Er schuf ein Werk, das manchmal so fern zu sein scheint den bekannten Naturformen, doch von überzeugender Kraft ist: weil es echt ist und Mal für Mal seinem Wollen und seinem Geiste entspricht. Alles ist in der Fläche aufgebaut. Kirchner kennt die Tiefe nicht. Auf den einen Bildern spielt das Licht, auf andern der Schatten. Abend. Ich muss gehen. Den Hang hinunter. Nicht ohne mich ein paarmal nach der kleinen Hütte umzusehen. Mit mir trage ich das lebendige Bild eines Menschen. Und das Gefühl einer unendlichen Dankbarkeit …

Ohne Titel (Besuch bei Ernst Ludwig Kirchner), Aquarell, Gouache und Bleistift auf Papier, 1928

2.

Ein anderes Bild: „Freunde". Zwei stehende Akte vor grün blauem Grund gross aufgerichtet (80/110) die eine Gestalt rosa, die andere blau – wieder verbunden durch dasselbe volle Leuchten das durch die ganze Bildhöhe geht.

Bilder in Oel auf Karton

Ich habe Freude an diesen Menschendarstellungen – und weil in jedem Bild etwas von mir selbst steckt, unpersönliches, so sind sie mir alle wertvoll, und nahe.
Ein liegender Akt in Rot-braun gefiele Ihnen wohl auch – nur sind alle Formen bei mir jetzt Ecken geworden – nichts als Gerade Linien …

Aus einem mehrseitigen Brief an Bärby Hunger, 22.7.1928

22.7.1928

Liebes Bärby

Ich will Ihnen von meinen neuen Bildern erzählen:
Ein anderes Bild: «Freunde» – Zwei stehende Akte vor
grünblauem Grund gross aufgerichtet (80/110) die eine
Gestalt rosa, die andere blau – wieder verbunden durch
dasselbe rote Leuchten das durch die ganze Bildhöhe geht.
Ich habe Freude an diesen Menschendarstellungen –
und weil in jedem Bild etwas von mir selbst steckt,
urpersönliches, so sind sie mir alle wertvoll, und nahe.
Ein liegender Akt in Rot-braun gefiele Ihnen wohl auch –
nur sind alle Formen bei mir jetzt Ecken geworden –
nichts als gerade Linien …
Ich arbeite nur noch mit einer Fläche. Wahr sein will
ich und da wir Maler nur ein zweidimensionales Wahr
darstellen können – lasse ich eine jede Tiefe und Hinter-
einanderschichtung fort – setze nebeneinander und –
warum soll dies nicht ebensogut – ebenso wertvoll sein.
Jede Tiefenwirkung ist Täuschung: Täuschung: Lüge …

Ihr Andreas

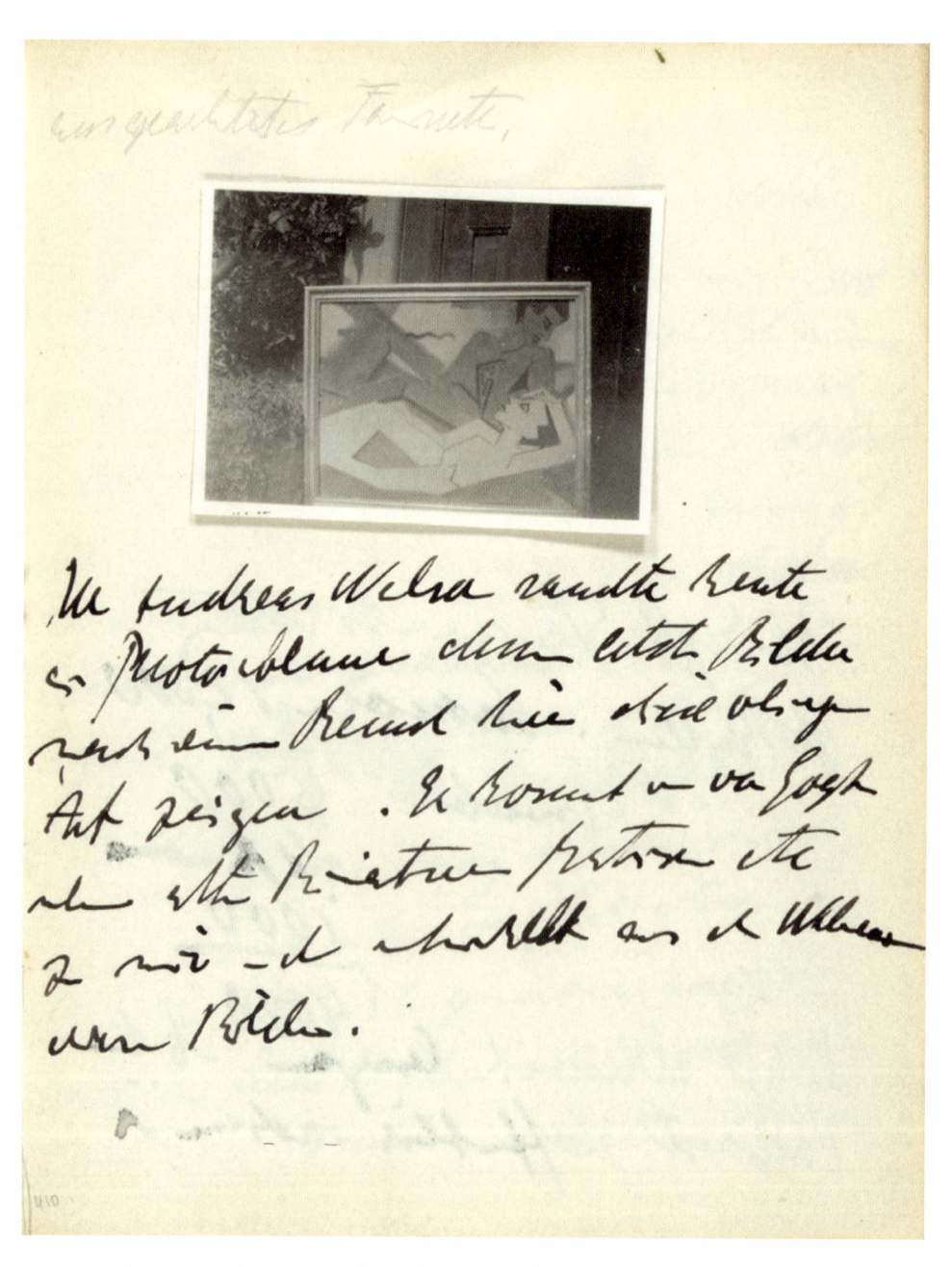

Von Ernst Ludwig Kirchner in sein *Davoser Tagebuch* eingeklebte Fotos von Arbeiten Andreas Walsers

«Andreas Walser sandte heute ein Photoalbum, dessen letzte Bilder nach seinem Besuch hier diese obige Art zeigen. Er kommt von van Gogh über alte Miniaturen, Matisse etc. zu mir und entwickelt aus den Webereien diese Bilder.»

Ernst Ludwig Kirchner, *Davoser Tagebuch*, 1919–1928

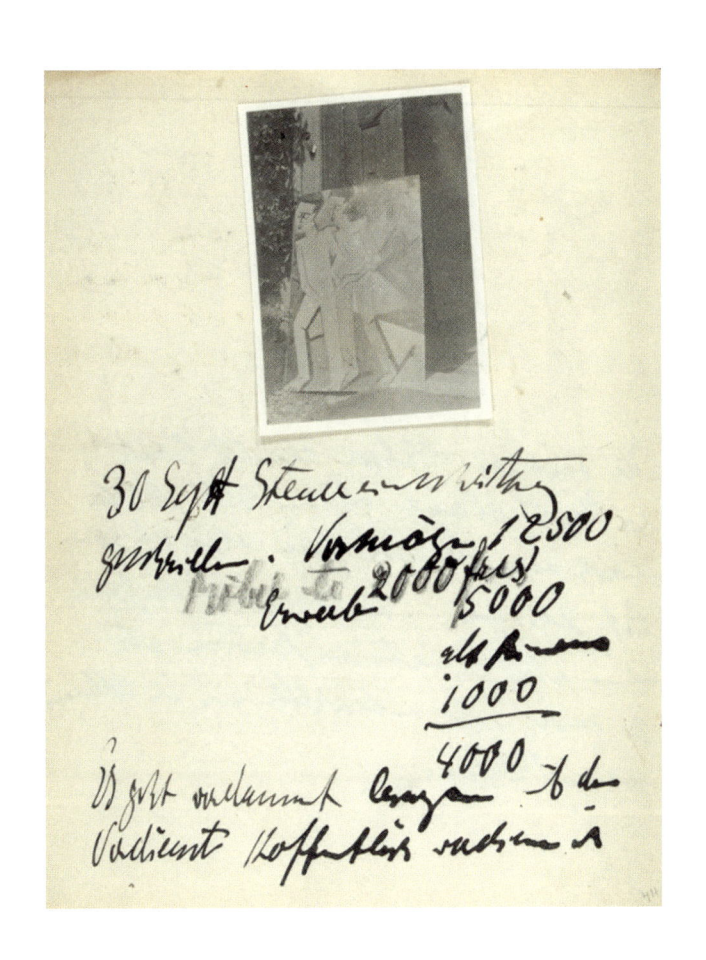

Ohne Titel, Aquarell und Tusche, 1929

Zwanzig Jahre nach meiner
Geburt sage ich meiner Mutter :
Mama – warum bin ich nicht
in Frankreich geboren?
Ich habe mich in der Richtung
geirrt…

Dein Land ist zu klein für dein Kind.
Seine Berge tun mir weh.
Ich gehe weg.
Ich sage dir : au revoir.
Sei mir nicht böse.
Ich bin in die falsche
Richtung gegangen – das ist alles.

Aus: *Le balcon*, Oktober 1929

Else Walser-Gerber, ca. 1928, Familienalbum

Verschollenes Bild im Atelier rue Bardinet, 1929
Foto: Emmanuel Boudot-Lamotte

Davos, 22.9.1928

Sehr geehrter Herr Walser

Ich danke Ihnen für die Sendung der Photos nach Ihren Bildern, die ich hiermit zurückgebe. Es hat mich gewiss interessiert, sie durchzusehen. Wenn Sie bei der construktiven Art der Bilder von der 2. Hälfte von 28 bleiben, werden Sie in Paris gewiss viel Anregung finden. Die Form selbst wird sich ja noch ändern aber der Weg, den die Photos zeigen, ist sicher der rechte, der direkt in die Probleme unserer neuen Malerei führt. Sie sind übrigens der erste Schweizer, den ich kenne, der wirklich das neue Sehen, das in der Kunst heute lebt, ahnt. Allzu viele von uns bleiben in Paris im Erlebnis Cézanne stecken, was man besser wie Sie noch vorher abmacht. Ihre letzten Aktbilder haben ein feines poetisches Empfinden. Die Gestaltung ist noch etwas einfach und unbeholfen, aber das schadet nichts. In den Pariser Schulen werden Sie genug Akt zeichnen, um Nahrung für das innere Bild zu bekommen, das Sie dann freier und voller formen können. Mit den letzten Bildern werden Sie schnell an die Wegkreuzung kommen, wo es ins Abstrakte abgeht, ich bin sehr gespannt, wie Sie sich da stellen werden.

Mit herzlichem Händedruck und einer Empfehlung an Ihre Eltern

Ihr E L Kirchner

Paris

September 1928 – März 1930

Mein liebes Käsby –

Paris – ich kann es gar nicht fassen – diese herrliche Stadt – sie hat sich mir heute aufgetan grösser und tausendmal herrlicher, als ich sie je gedacht. Aber hier bin ich nun – ein junger Mensch am Ziel einer langen Hoffnung. Und so beginnt's. Bald schon wird ein Atelier frei – ich schreibe Dir dann – ich bin froh darob, gleich anfangen zu können. – Die lange Fahrt war relativ gnädig – ich bin war froh, ein paar Monate jetzt Eisenbahn Eisenbahn sein zu lassen. Ma chambre est petite – la semaine prochaine j'aurai une autre plus grande et contre de le Boulevard.

28.9.1928

Mein liebes Bärby –

Paris – ich kann es gar nicht fassen – diese herrliche Stadt – sie hat sich mir heute aufgetan grösser und tausendmal herrlicher, als ich sie je gedacht. Hier bin ich nun – ein junger Mensch am Ziel einer langen Hoffnung. Und so beginnt's. Bald wird ein Atelier frei – ich schreibe Dir dann – ich bin froh darob, gleich anfangen zu können. – Die lange Fahrt war relativ gnädig – ich bin zwar froh, ein paar Monate jetzt Eisenbahn Eisenbahn sein zu lassen. Ma chambre est petite – la semaine prochaine j'aurai une autre plus grande et contre le Boulevard. Alles ging so gut bis jetzt – und nun wird's weiter so gehen – was kann ich jetzt heute Nacht noch sagen, als dass ich müde bin und doch noch schnell ein paar Skizzen machen will, mes premières Impressions de Paris – u. dann ins Nest krieche. Der Mond schaut auch auf diese Schmiererei da – der Pariser Mond – gelb hinter nächtlichem Dunst.
Ich wünsche Dir angenehme Tage.

Dein A.

Dort die Treppe hinab zur Metro. Noch tiefer also. Heiss steigt die Luft herauf aus den Schächten. Kommt bis zu mir her. Dumpf und schwer. Und die da unten gehen über den Platz sind so klein und nichtig von oben gesehen und alle gleich. Drüben vor den Cafés stehen die Marmortischchen kreisrund wie Geldstücke anzusehen. Ich strecke meine Hand aus – und greife ins Leere. –

Aus: Andreas Walser,
Über der Place de Rennes, 1928

Métro Station Palais-Royal, Paris 1930–1932.
Foto: Brassaï

VINCENNES-MAILLOT
SORTIE
CÔTÉ THÉÂTRE FRANÇAIS
PLACE DU PALAIS-ROYAL

Atelier I

28.9. Mittag

Meine Liebe

Eben hab ich mit Paul's Hilfe ein Atelier gemietet auf 15 Okt. Dort wo Messe war – aber nicht jener Raum gegenüber.

Margit

Oberlicht
4
3
2
1
Türe
sonst
Glaswand
eingebautes
W.C.
mit Brunnen
Hof

Die Ganze ~~Atel~~ Anlage ist ein Hof links u. rechts Ateliers wie Ställe.

Links No 4.

rue Bardinet 16 bis

28.9.1928

Meine Lieben

Eben habe ich mit Pauls Hilfe ein Atelier gemietet auf 15. Okt. Dort wo Meisser war – aber nicht jener Raum gegenüber. Die ganze Anlage ist ein Hof links u. rechts Ateliers wie Ställe. Links No 4.

Andreas Walser vor seinem Atelier in der rue Bardinet, Paris, 1929

2.10.1928

Mein lieber Peter

War an allen Ecken schon u. doch nirgends. Und seltsam: allemal an der verdammten Place de l'Etoile wo unzählige Strassen ausgehen verliere ich mich – heute hab ich wieder 2 Stunden dem hellen Tag abgestohlen – doch man sieht immer etwas. Und die Läden sind alle offen – die Hälfte steht draussen auf der Strasse. Man geht gemütlich hinein, tappt an was man will u. kein Mensch fragt danach. Was man kauft hat eben alle Preise – das kommt vor allem auf die Lage des Ladens an. Alle 10 Schritte steht gross u. – leuchtend am Abend geschrieben: Vins, Liqueurs … kleine runde Marmortischchen mit Strohstühlen stehen auf dem Trottoir, das so breit ist, dass man an den weitesten Stellen unsere Churer Poststrasse ein paar Mal ausklappen könnte. Überall in ganz Paris die gleichen Tische. Sitzt man ab – kommt ein Garçon (Kellner). Dann trinkt man z.B. Café kostet 1.10 – 1.50 dafür sitzt man 4 – x Stunden – die Cafés sind ouverts toute la nuit. So nehmen wir einmal an, es sei Morgen. Alles bewegt sich – aber noch wenig Autos überall. Dann nimmt d. Verkehr zu – so um 12 ist's fast unmöglich – aber _jenes_ eine ist grossartig. Kein einziger Zusammenstoss ist

gen. Alles bewegt sich – aber noch wenig Autos überall. Arbeiter gehen zur Arbeit: ein jeder in seinem Schaffrock (nicht wie bei uns in Extra-Toilette.) Und diese Arbeiter Schicht überhaupt gern – am Abend hocken sie dann müd in ein Café und sprechen. (Wie man's auf franz. Bildern sieht.) Dann nimmt d. Verkehr zu – so um 12 ist's fast unmöglich – aber grad eine ist grossartig.

Autos *Autos* *Autos*
Polizist an unübersichtlichen Stellen zu Pferd!

Kein einziger Zusammenstoss ist möglich. Bald ist die Linie offen, bald die andere. Alles fährt rechts.

Das ist eine Strasse ich möchte hin über – da wartet niemand. Geht einfach in der ersten besten Richtung. Hier bleiben die Autos vor dem Menschen stehen nicht wie in Zürich z.B. Erst sieht man links beim Überqueren, dann auf der anderen Hälfte der Strasse rechts – u. ist hin über.

möglich. Bald ist die Linie offen, bald die andere. Alles fährt rechts. Das ist eine Strasse ich möchte hinüber – da wartet niemand – geht einfach in der ersten besten Richtung. Hier bleiben die Autos vor dem Menschen stehen nicht wie in Zürich.

Und das Schönste sind die Pariser selbst: freundliche Leute, die alles tun aus angeborener Freundlichkeit – u. wenn man ihnen Falschheit vorwirft, ist das sicher ein Vorurteil, weil sie sehr leicht sind – hier lebt eben nur der Augenblick. Die Leute freuen sich, erfreuen einander, alles lacht – etwas anderes sieht man selten – nur die Bettler unten an d. Seine, die Armen Teufel, d. um Mitternacht od. morgens 3 / 4 Uhr versoffen auf einer Bank zusammen fallen, die lachen nicht mehr. –

Habe nur ein paar Skizzen gemacht auf d. Strasse. Am 15. Oktober dann ziehe ich aus, das h. stelle meine Koffer in ein Taxi u. fahre (feierlich) in mein Atelier. Dann beginnt die Arbeit. Jetzt lasse ich ganz einfach Paris auf mich einwirken, damit ich dann Stoff habe.

Schrieb lange nicht alles – aber wenigstens etwas – es gibt noch so viel – nächstes Mal – jetzt ist Dein Bruder wirklich und wahrhaftig zu faul – Grüsse Papa Mama und Nana von mir ich denke viel an Dich – mein Lieber

Dein A

2 Köpfe, blau-weiss-schwarz, Öl auf Karton, 1928

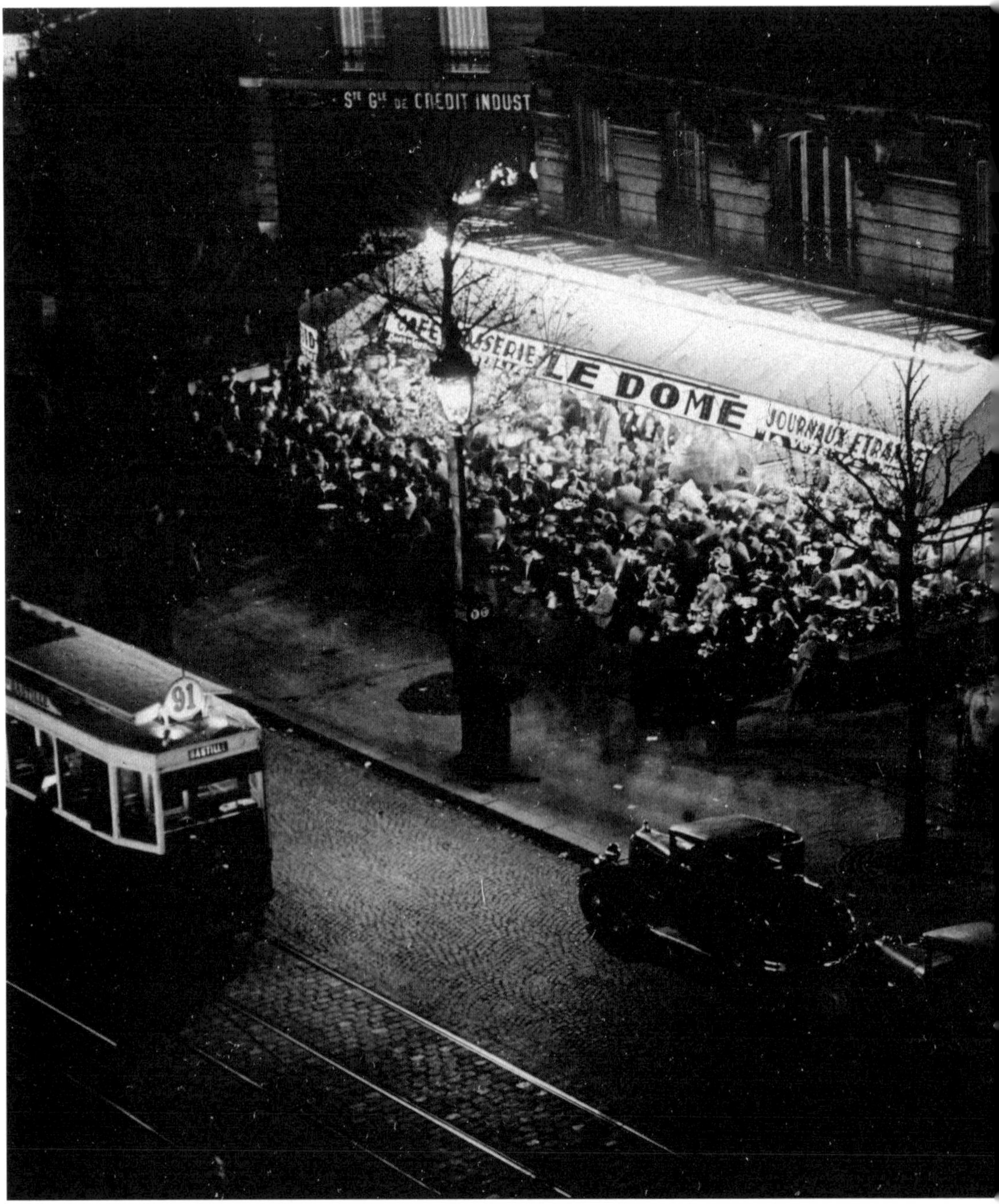
Ste Gle DE CREDIT INDUST
LE DOME
91

Das Café ist besetzt bis auf den letzten Platz. Alles sitzt, spricht, trinkt oder träumt nur. Träumt über dem Glase, träumt von zukünftigen Dingen. Denn an Vergangenes denkt niemand hier in Paris.

Aus: Andreas Walser,
Café du Dôme, 1928

Café Le Dôme, Montparnasse, Paris 1932.
Foto: Brassaï

Andreas Walser

Café du Dôme

Mitten drin im Lärm und Rennen des Boulevard Montparnasse liegt es ruhig und still wie eine Insel im brandenden Meere. Das Café du Dôme. Zahllos stehen die roten Stühle um die roten Marmortischchen und sitzt vortrefflich mitten in dieser Unruhe. Sitzt und träumt – von Bildern die niemand malt. Träumt von Unmöglichkeiten. Und das sind allemal des Menschen schönste Träume …
Ach ja Delacroix soll gesagt haben, die schönsten Bilder seien die, die man im Bette malt die Pfeife rauchend. Lebte Delacroix noch, er rauchte sein Pfeifchen im Café du Dôme. Und würde noch traumhafter träumen.
Feine schöne Köpfe neigen sich über Gläser. Bemalte Lippen nippen, trinken. Ich sitze irgendwo im Hintergrund. Sitze und schaue so drein. Schaue nieder auf den roten Marmor in der Messingfassung, auf mein Glas, das mitten drauf steht, selbstverständlich fast wie des grossen Napoléon genialer Diebstahl auf der Place de la Concorde. Dann und wann steigt über einem Tischchen ein feiner Rauch auf. Formvollendet tut er noch rasch seine Kreise und Ringel bevor er sich auflöst in der ruhigen Luft. Das Café ist besetzt bis auf den letzten Platz. Alles sitzt, spricht, trinkt oder träumt nur. Träumt über dem Glase, träumt von

Ohne Titel, Tusche auf Papier, 1929

Doppelportrait, Bleistift auf Papier, 1929

zukünftigen Dingen. Denn an Vergangenes denkt niemand hier in Paris. Leute mit breiten Hüten und Künstlerbärtchen sind da, und solche, denen man ihr Handwerk nicht ansieht und die es vielleicht umso besser zu tun wissen. Immer gehen sie draussen vorbei, zahllos und ohne Ende. Menschen, die der Abend vereint …

Der oder jener macht eine Skizze dessen, was er sieht. Ich habe auch hie und da ein Blatt vor mir, – weil wir doch einmal Maler sind. Oder ich schreibe auf den Rand des «Montparnasse» irgend etwas auf, oder lese was ein anderer schrieb.

Ja und wenn man müde ist, stützt man die Hand auf den Marmor und legt den Kopf darein. Und schaut weiter. Wird nie fertig mit Schauen im Café du Dôme.

19.10.1928

Liebes Bärby –

Ja – und irgendwie kommt es mir doch nicht so bedeutungslos vor, dass ich jetzt da bin und gestern zu malen begann hier u. nun ein paar Bilder um mich habe – denn ich fühle mich ausserordentlich mutig und fähig … und glaube daran, dass es mir einst gelingt.
3 Wochen nun liess ich Paris auf mich einwirken ganz und gar
O, es ist schön hier, alles – und so viele schöne – wunderschöne junge Leute – – ich kann nicht anders, aber für mich ist ein schöner Kopf eines jungen Mannes das Höchste. So etwas möchte ich dann einmal malen – nur für mich.

Dein Andreas

Ohne Titel, Öl auf Leinwand, 1929

Innenansicht Atelier rue Bardinet, 1929
Foto: Emmanuel Boudot-Lamotte

24.10.1928

Du liebes Bärby

Über 20 Kartons liegen u. stehen da um mich – einige sind gewiss gut – gestern Abend gelangen mir 2 – ich glaube m. die besten B. Und las dann noch und suchte zu schlafen – aber ich kann eben so selten und immer nur schlecht schlafen. Und dies ermüdet. Letzthin träumte mir ganz entsetzlich vom Tode Florians, furchtbar – alles alles wieder – u. warum? jetzt und hier in Paris – der Traum verfolgt mich immer 5 Jahre schon –
Gestern erlebte ich einen lang gefürchteten Schreck noch: ich muss alle Ausgaben aufschreiben u. tue das so gut es geht u. getreulich – aber eben nicht alles: so fehlen mir jetzt ca 300 franz. Fr, das heisst ich habe nichts mehr u. sollte d. noch haben. Geld holen kann ich nicht gut, wenns doch nachher da geschrieben steht, 300 fr. noch gehabt zu haben – Wenn Du kannst Bärby schicke mir etwas – Es ist wieder einmal sehr dumm, dass ich damit kommen muss
Ich sehe auf die Bilder nieder am Boden, Strassenbilder bei Tag oder Nacht aus Paris (im Atelier gemalt) und Köpfe und Natures-mortes. Ich bin viel viel weiter als im Sommer. Ich glaube an die Möglichkeit.

Dein Andreas

Braunes Stillleben mit Teller und Messer, Öl auf Karton, 1928

Braunes Stillleben mit Teller und Messer, Öl auf Karton, 1928

Andreas Walser vor seinem Atelier in der rue Bardinet, Paris, 1929
Foto: Emmanuel Boudot-Lamotte

3.11.1928

Mein liebes Bärby,

Kirchner habe ich gestern endlich geschrieben – und ihm meinen Wunsch mitgeteilt, einmal bei ihm arbeiten zu dürfen – 1 oder 2 Wochen. Denn manches muss ich eben doch lernen – u. kann es nur tun bei einem Meister – bei einem Menschen, den ich hoch über den andern sehe –

Dein Andreas

8.11.1928

Mein liebes gutes Bärby,

es ist Mittag – ich sitze an der Rue de la Boétie und warte – will Dir auch gleich sagen worauf: bis 1 ½ h u. dann gehe ich zu Pablo Picasso aber nur Du sollst das jetzt wissen, ich weiss ja nicht ob's gelingt. Gestern traf ich ihn nicht. Liess dann ein paar Bilder dort u. meinen Namen, heute wiederzukommen.
In den 3 Wochen habe ich ja über 80 Bilder in Oel gemalt. Sag es niemand, aber ich weiss gut genug, dass es nicht gut ist so, dass der Oelgeruch u. die ewige geistige Anstrengung mir schadet – (obwohl es mir scheinbar körperlich ganz wohl geht.)
Ich hatte ein paar allzu schöne Tage – letzte Woche. Kurz vorher lernte ich im Café du Dôme einen wunderschönen Jüngling aus Hamburg kennen. 23 Jahre, und ich übertreibe nicht, von einem Gesichtsausdruck so rein und schön, wie man es selten finden wird.
Als ich wieder allein war habe ich mich in die Arbeit vergraben – und jetzt stehe ich da und warte, warte auf etwas ganz unerhört Grosses, auf Picasso. Ob das gelingen wird? Was wird er sagen?

Ich grüsse Dich herzlich

Dein Andreas

Picasso 1932 in seinem Atelier 23 rue de La Boétie vor einem Frauenporträt von Henri Rousseau.
Foto: Brassaï

Ohne Titel, Aquarell und Gouache auf Papier, 1929

Ohne Titel, Öl auf Karton, 1928

Die Eltern mit Andreas und Peter, Familienalbum, 1928

Chur, 12.11.1928

Lieber Andreas!

Auf Deinen Wunsch hin sende ich Dir Dein Maturitätszeugnis. Wir haben mit Interesse von Deiner Bilder-Verkaufsfahrt durch Paris gelesen. Aber bist Du wirklich schon so weit, dass Du Dir hier einen wesentlichen Erfolg versprechen kannst? Ob jener Kunsthändler wirklich zu Dir gekommen ist? Und was mag er Dir gesagt haben? Mir ist, als seiest Du eben erst nach Paris gegangen, um zu lernen und ich frage mich, ob Du nicht etwas mehr andere Kunstwerke anschauen und studieren solltest, als einfach in Deinem Atelier zu malen. Aber das ist jetzt allerdings Deine Sache, die ich Dir hier mit dem besten Willen nicht raten kann. Du musst eben Deinen Weg selber suchen. Jene Verkaufsfahrt durch Paris mag ja immerhin für Dich lehrreich gewesen sein nach mehr als einer Richtung hin. Es wird Dir dabei auch eine Ahnung aufgegangen sein von dem geringen Bedürfnis unserer Zeit nach Bildern. Die Kunst kann und mag eben das Leben wohl begleiten, kann es aber nicht leiten und nicht tragen, letzteres insbesondere auch nicht für den Künstler. Deshalb eben meine beständige Sorge, dass Du neben dem Malen noch etwas anderes erlernen solltest, was Dich einmal selbständig und unabhängig machen könnte. Du weisst, lieber Andreas, wie ich es meine und wirst wohl fühlen, dass ich es gut meine!

Interessant war es auch, wie Du so unverhofft einen Schweizer kennen lerntest und zu einem Nachtessen kamst. Nun aber höre, eines wollen wir dann nicht, nämlich, dass Du gleichsam als unterstützungsbedürftiger Maler in Paris leben sollst. Einstweilen sind wir noch in der Lage, für Deine Bedürfnisse aufzukommen, wenn wir ja natürlich zur Sparsamkeit und Beschränkung auf das Nötige mahnen müssen. Ich weiss deshalb nicht recht, was ich zu Deiner Absicht, Stunden zu erteilen, sagen soll. Du bist jetzt in erster Linie zu Deiner Ausbildung in Paris und alles, was Dich hieran hindern könnte, soll vermieden werden. Immerhin mach ich Dir auch in dieser Richtung keine strikten Vorschriften.

Wir sind froh, dass wir Dich nun nach einem guten Monat wieder bei uns haben werden und dann manches miteinander besprechen können.

Empfange die herzlichsten Grüsse von uns allen

Dein Papa

Besucher im Atelier rue Bardinet
Foto: Emmanuel Boudot-Lamotte

12./13.11.1928

Mein lieber Peter

Meine Arbeit ist Vorarbeit, ist Lehrarbeit – in ein paar Jahren kann ich dann etwas Ganzes daraus werden lassen. Nicht zuletzt: mein Französisch macht Fortschritte – ich spreche jeden Tag besser, wie man mir versichert – es ist gut so, denn mit der Zeit will ich ganz Französisch werden ganz u. gar – das entspricht mir am ehesten. Meine Arbeit ist Vorarbeit, ist Lehrarbeit.

Mein Peter – ich grüsse Dich herzlich –

grüsse Du Mama von mir und sag ihr, sie müsse auch Geduld haben mit mir.

Else Walser-Gerber, ca. 1928, Familienalbum

Ohne Titel (Selbstbildnis), Öl auf Karton, 1929

Nature morte, Öl auf Leinwand, Paris, 1928

Die Experimentierzeit ist vorbei – ich male wieder mit Farbe allein, es geht gut so – Natures Mortes und alles mögliche – Mein Ofen wärmt mir meine Bude heut, draussen platscht fast stets Regen – Sonntag – Nachmittag –

Aus dem Brief an Peter vom 25.11.1928

Porträt Pablo Picasso, 1929
(Der von AW geführten Werkliste zufolge gelangte das Bild in die Galerie Quatre Chemins und ist heute verschollen.) Foto: Emmanuel Boudot-Lamotte

5.12.1928

L. B.

Denk was für ein Narr ich bin, letzthin wartete ich an der Rue Boétie 4 Stunden auf Picasso – da kam er – u. ich wagte nicht ihn anzureden! Heute habe ich das Schauspiel wiederholt – ¼ St. Gewartet u. ihn angesprochen, als er nach hause kam um 1 h. Und da war er ausserordentlich lieb zu mir u. hat gleich ein Rendez-vous auf Morgen 10 h (Mittwoch) angesagt – nicht so bedeutungslos! Picasso ist ja immerhin der berühmteste Maler von heute.
Ich freue mich jetzt so auf morgen.
Und vom 15 bis Ende Februar stelle ich also wahrhaftig aus in der Galerie Marker Rue Bonaparte. (Wer nicht ein wenig «arbeitet» für sich, bleibt in Paris immer verborgen.)
Habe verkauft 500 franz. fr. eine kl. nat. morte!
NB. Pablo Picassos Concierge hat mir heute beigebracht, es sei nutzlos mehr zu kommen, M. Picasso empfange seit ein paar Wochen gar niemand mehr. Mme P. ist krank u. er besucht sie jeden Tag in der Klinik. Da hab ich eben den Meister auf dem Heimweg abgefasst – man muss sich zu helfen wissen, sogar in Paris …
Jetzt sitze ich im Café wo ich Dir schon einmal schrieb an d. Rue la Boétie – komme von Picasso u. bin halb verrückt

vor Freude – 1 St. War ich dort – er zeigte mir alles u. sagte wiederholt zu meinen 20 Kartons, d. ich mitbrachte, dass sie ihm sehr grosse Freude machen – vous travaillez avec votre coeur – c'est tout ce qu'il faut – continuez comme ça et vous arriverez à quelque chose … Du verstehst wie ich jetzt glücklich bin – et vous me visiterez de temps à temps et apporterez votre travail – vous pouvez venir quand vous voulez.

Magnific – jetzt gehe ich heim u. fahre fleissig fort zu malen.

Buste à la fenêtre, Öl auf Leinwand, Masse und Standort unbekannt, 31.1.1929
Fotografie von Andreas Walser auf der Rückseite bezeichnet «appartient à Picasso»

Nature morte au balcon, Öl auf Leinwand, 20.2.1929

Andreas Walser auf seinem Diwan im Atelier rue Bardinet, Paris, 1929
(Oben rechts das Selbstbildnis, abgebildet auf Seite 129)
Foto: Emmanuel Boudot-Lamotte

6.1.1929

Mein liebes Bärby –

Und ich kann Dir nicht verhehlen, dass ich mir eben manchmal doch als eine kleine noch, aber irgendwie bedeutende Nummer vorkomme. Glück hab ich nun einmal, u. wenn ich immer so arbeite – vielleicht taugts. Picasso u. Kirchner! Immerhin schon etwas!
Dummes Geplapper …
drüben brennt d. Ofen, alles ist sauber, ein paar Leinwände, rot verhängte Lampe, blaue Wände, nach dem Nachtessen

kommt Nel – dann rauchen wir von Deinen Zigaretten, (denn es hat noch ein paar) u. essen aus der Schokoladenschachtel, die Du P. u. mir gabst u. d. Peter durchaus mir mitgeben wollte, sie hier mit meinem Freund zu essen. Ich habe eben einen lieben guten Bruder (nicht nur der Schokolade wegen!).

Nimm einen herzlichen Gruss von Deinem A.

Ohne Titel (Selbstbildnis), Öl und Goldbronze auf Holz, 1929

17.1.1929

Mein lieber Peter –

Ich will Dir nun etwas von meinen neuen bildern schreiben, damit Du siehst, was ich jetzt tue – denn von Dir weiss ich ja, dass Du wahres interesse an meiner arbeit hast. Als ich kam malte ich einige nature-morte. – eines auf d. rotem Grunde weiss grün aufgesetzt – ein anderes besser schon ungefähr so
(Skizze 1)
Also eine kl. Statue am balkonfenster (leinwand) dann jenes bild von dem ich Dir sprach:
(Skizze 2)
zwei vereinte stehende figuren ganz in d. einfachen art jener zeichnung, d. Du fotografiertest. Alles blau in blau. Dann ein paar kl. Nature mortes und am Montag eine leinwand ungef. so
(Skizze 3)
ferner:
(Skizze 4)

Mein lieber Peter — 12.I.29

ich will Dir nun etwas von meinen
neuen Bildern schreiben, damit
Du siehst, was ich jetzt tue — denn von Dir weiss
ich ja, dass Du wahres Interesse an meiner
Arbeit hast. Als ich kam malte ich einige
Naturmorte. Eines auf d. roten Grunde
weiss grün aufgesetzt — ein anderes besser
schon ungefähr so
also eine kl. Statue am
Balkonfenster (Leinwand)
dann jenes Bild
von dem ich Dir sprach:

zwei vereinte stehende Figuren
ganz in d. einfachen Art einer
Zeichnung, d. Du fotografiert hast.
Alles blau in blau.

dann ein paar kl. naturmortes
und am Sonntag eine Leinwand
ungef. so

jenes:

2 weisse Säulen

(Skizze 5)

u. gestern noch:

(Skizze 6)

alle d. gezeichneten bilder sind grossse leinwände
ca 1 m 20 od. 1 m od. mehr auf 1, –.80 etc.

das nun will ich Picasso zeigen. D. grosse Galerie Quatrechemins (Madeleine) denkt (bei Gott) daran, im Herbst etwas von mir auszustellen – man kam zu mir, nicht ich in die Galerie!!

Aug. G. in Zürich war flott – er erzählte aus Paris u. d. schönste das ich sah sind seine grossen Entwürfe für die Grossmünsterfenster in Z. (8 m. hoch) (3 fenster).

ich sende Dir endlich d. annalen als drucksache heute und den Brief zugleich.

ich habe Deine Utrillofoto so gern, ich danke Dir.

Gestern schrieb ich Kirchner, heute mit Dir zusammen auch Klaus Mann.

Lebe wohl u. grüsse Papa u. Mama von mir

Dein Andreas

Weisse gebrochene Säule

ü. gestern noch:

alle d. gezeichneten
bilder sind grosse
leinwände
ca 1m 20 od. 1m
od. mehr auf 1,–.80 etc.

das nun will ich Picasso zeigen.
d. grosse Galerie Quatre-chemins (Madeleine)
denkt (bei Goll) daran, im herbst etwas von
mir auszustellen – man kam zu mir, nicht
ich in d. Galerie!!
Aug. G. in Zürich war toll – er erzählte aus Paris u.
d. schönste das ich sah sind seine grossen Entwürfe für die Grossmünster Fenster in Z. (8m. lang)
(3 fenster)
ich sende dir endlich d. annalen als drucksache heute u. den brief zugleich.
ich habe deine Murillofoto so gern. ich danke dir.
Gestern schrieb ich Kokoschka, heute mit Piper zusammen auch Klaus Mann
            lebe wohl u. Grüsse Papa u.
            Mama von mir
17.1.28.   Dein Andreas.

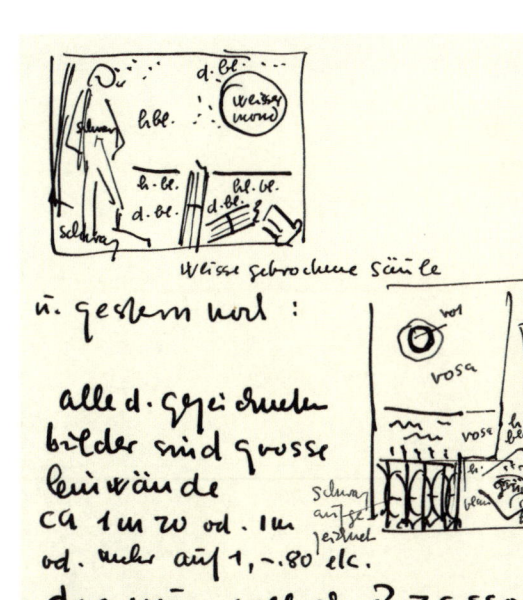

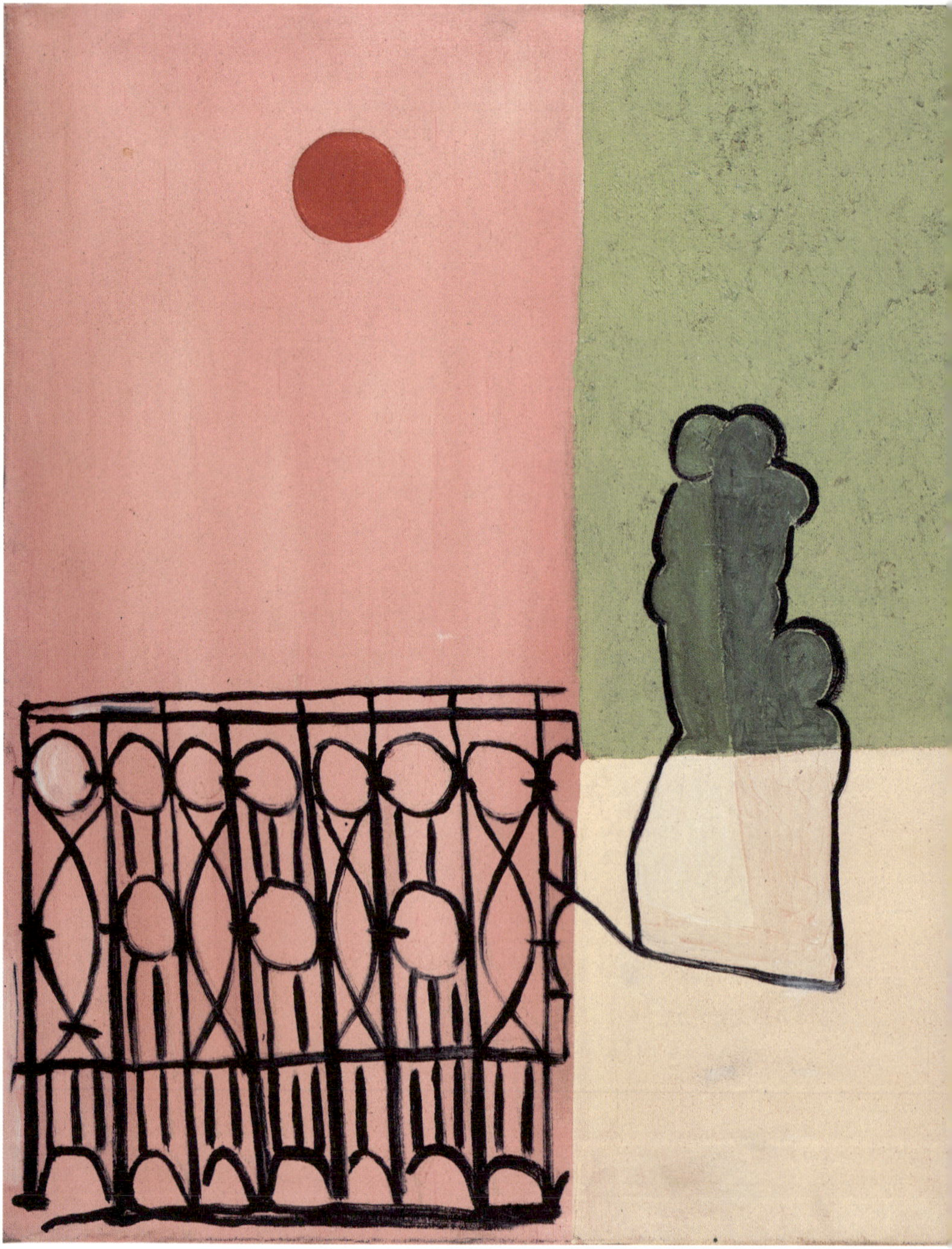

Nature morte – statue à la fenêtre,
Öl und Gips auf Leinwand, 7.1.1929
(Skizze zu *Nature morte – statue à la fenêtre*
im Brief auf S. 131 oben)

Ohne Titel, Tusche und Aquarell auf Papier, 1929

24.1.1929

Mein liebes Bärby –

man sagte mir, dass ich nicht immer allein bleiben sollte, aber
es ist so schwer für mich, so ganz entsetzlich schwer – zu lieben –
verstehst Du mich ? – ich staune vor der schönheit u. bete sie
an für mich –u. ich kann tagtäglich so schöne menschen sehen –
aber dann kommt mir immer die bittere erkenntnis, dass
ich gar nicht fähig bin zu lieben – nicht mehr – denn Du weisst
es ja – meine ganz grosse liebe ist vorüber – meine heisse
leidenschaft hat sich zu früh verbrannt.
ich sollte nicht ausgehen – ich kann aber nicht leben ohne
menschen – ohne schönheit zu sehen, die mich verzehrt.
ich hab nie daran gedacht früher – man hat es mir hier hundert-
mal gesagt, man fände mich schön – aber jetzt ist es vorüber –
ich habe vielleicht dann ganz ruhe, wenn ich sein werde, dass
mich niemand mehr bemerkt.
und d. malerei? es ist vielleicht 1 woche her seit ich nichts
arbeite – ist mir jetzt ganz gleich – m. bilder liebe ich – 5 neue
leinwände stehen gegenwärtig bei Pablo Picasso – d. meister
war nicht dort – ich hole sie auf ein Rendez-vous mit ihm dann
wieder.
gutes liebes Bärby – leb wohl bis ich Dir wieder schreibe

ganz Dein

A.

25.1.1929

An Jean Cocteau

Ich bin zwanzig Jahre alt und Maler – wie man sagt – letzten Herbst bin ich von der Schweiz nach Paris gezogen – mein Französisch ist ziemlich schlecht, trotzdem wage ich es, Ihnen zu schreiben – im Wissen, dass Sie mir meine Fehler und diesen Brief nachsehen.
Ich hatte das Glück, Pablo Picasso zu sehen – er empfing mich und machte mir Mut – das war im Dezember – seither habe ich den Meister noch zweimal gesehen.
Mehr noch als seine Bilder verlangte mir danach, seine Augen zu sehen, die ich zum ersten Mal im Hof der rue Boétie 23 erblickt hatte – ein Augenblick, den ich nie vergessen werde – vor einigen Wochen stiess ich zufällig auf das Buch Ihres Jean Desbordes – seither lese ich Tag und Nacht darin – ich bin krank – Ihr Freund hat mir Bücher von Ihnen mitgebracht, um mich «abzulenken.»
Man hat mir gesagt, dass Sie krank sind – weit weg von Ihnen gibt es nicht als Einzigem einen jungen Mann, dessen Herz für Sie schlägt. Bei klarem Verstand würde ich nicht wagen, Ihnen zu schreiben, doch führt mir das Herz die Feder, heute Nacht –
Paris schläft – ich hingegen bin wach – die Liebe lenkt meine Gedanken in die Ferne – wenn Sie dann zurück in Paris sind, erlauben Sie mir vielleicht, Sie zu treffen – inzwischen denkt weit weg ein kleiner unbekannter Freund an Sie – und hofft, dass es Ihnen mit jedem Tag besser geht.

Andreas Walser

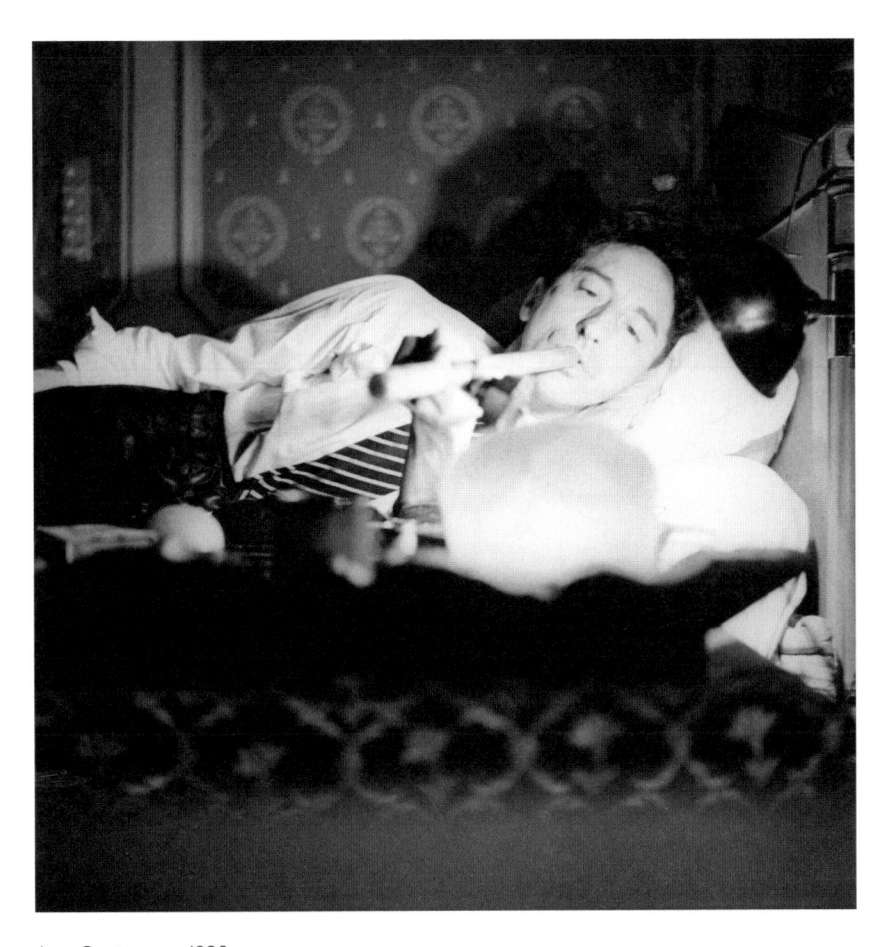

Jean Cocteau, ca. 1930
Foto: Cecil Baeton

30.1.1929

Mein liebes Bärby –

ich denke schon lange daran, Dir zu schreiben – dann
war ich schliesslich einige Tage in d. Kiste u. jetzt wo es
wieder «geht» (ich will nicht sagen gut) – habe ich allerlei
vor – gestern morgen war ich bei Pablo Picasso – er liebt
meine neuen bilder sehr u. versichert mir wiederholt,
dass sie ihn als fortschritt überraschten und als Arbeiten
sehr interessieren. Wie ein Kind stehe ich dann vor ihm,
(der noch kleiner ist als ich) u. bin so glücklich ! –
Morgen soll ich wiederkommen – er will mir noch seine
neuesten bilder zeigen – – –
u. d. ganze letzte nacht habe ich gemalt –
himmel ich war so müde den ganzen tag schon u.
ich konnte doch nicht anders – 3 leinwände herunter-
geschmiert, jetzt stehen sie da u. ich habe dann
geschlafen, bis jetzt – nachmittag 4 h – warum auch
nicht – u. schliesslich, dass ich meine bilder am besten
in einer etwas künstlich hervorgebrachten Erregung
male, das heisst, dass ich in der letzten zeit flaschenweise
liqueurs trinke, um malen zu können – wen geht das
etwas an – wenn ich es so am ehesten tun kann? Denn
seit meiner erkältung bin ich grenzenlos müde – u. nat.
sollte ich jetzt acht geben u. ruhen –

aber wer ausser Dir versteht mich, wenn ich nicht immer
kann wie ich sollte – nicht einmal wie ich will ! –
lebe wohl

ich grüsse Dich herzlich

Dein A.

Nature morte au balcon, Öl auf Leinwand, 1929

Clinique
de St Cloud
Sero

J. Janvier

Cher [ami]

Je suis encore bien malade et
sauf Desbordes je ne vois encore personne,
mais je vous affirme que des lettres
comme la vôtre (des amitiés qui tombent
du ciel) me soulagent plus que la
médecine.

L'amour est la seule chose qui traverse
les esthétiques.. Aimez et ne
craignez pas la dépense du cœur.

Desbordes et moi vous remercions

Jean Cocteau ✶
1929

Jean Cocteau an Andreas Walser, Brief aus der Klinik in St. Cloud, Januar 1929 (Übersetzung S. 259)

2.2.1929

Du gutes liebes Bärby –

Gestern 1 febr. – für mich in Paris unvergesslich: denk ich erhielt gestern einen brief von Jean Cocteau – Picassos besten freund u. jetzt grösstem franz. Dichter!
letzthin in einer Nacht – damals als ich krank war, las ich von ihm bücher d. Nel mir brachte mich zu zerstreuen – stand um 3 auf u. schrieb ihm – nicht viel – weiss kaum mehr was, aber schrieb mit dem herzen. u. der grosse – (er ist längere Zeit krank infolge opium) antwortet: cher ami (encadré par lui) u. schliesst: aimez et ne craignez pas la dépense du cœur.
Desbordes et moi vous remercions
Jean Cocteau
dies ist mir ausserordentlich wertvoll – denn ich beginne die gedichte Nels zu sammeln u. denke daran, sie Cocteau zu zeigen – er wird uns helfen sie zu publizieren …
da waren wir halt wie kinder wir zwei gestern – u. als ich zufällig nachmittags heimkam – fand ich Deinen brief – ich danke Dir gerührten herzens – für das geschenk das so gelegen kam u. das Du so lieb getan hast – aber für den brief danke ich Dir – ich lese immer darin –
wie geht es Dir – mich hat die freude ruhiger gemacht u. der gedanke, den ich tagtäglich haben darf, dass mir

in Nel ein Mensch gegeben ist, d. meine grosse liebe
verdient – wir regen uns an –

3 stunden später

hier wurde ich unterbrochen – durch den besuch eines
deutschen schriftstellers d. für hiesige Galerien arbeitet –
Kaufte für die Galerie Yvangol 9 bilder – ensemble 1000
frs. – pas mal !!

dann hatte ich d. Bilder in d. Galerie zu transportieren
u. auf dem Rückweg ------------ Picasso begegnet –
(ich habe schon ein verdammtes Glück in solchen Dingen
– lauter Zufälle) er sah mich zuerst – grüsste mich von
weitem schon – wir sprachen, ich erzählte ihm das
neueste ereignis – das ich ihm verdanke – er freut sich
mit mir – venez les jours suivants quand vous passez ici
(Rue Boétie) montez chez moi …

ô, ce Picasso!

ist das schön für mich jungen menschen.

Liebes Bärby ich grüsse Dich herzlich

Dein A.

Emmanuel Boudot-Lamotte vor dem Atelier rue Bardinet, Paris, 1929

15.2.1929

Liebes gutes Bärby

ich habe zwei neue bilder gemalt – u. dann mit allen
möglichen Hilfsmitteln 12 Stunden geschlafen – jetzt bin
ich nat. ein wenig zerschlagen – –
Du verzeihst mir das. Jean Cocteau hat mir 2 Briefe
geschrieben – gestern kommt auch einer von Jean Desbordes
– oh, diese blöde Briefschreiberei, d. mich manchmal plagt –
(nicht der erwähnten Briefe wegen!) aber andere –
ich möchte am liebsten einen Sekretär anstellen.
es ist Freitag – bis nächsten Montag denke ich noch streng
zu malen – weil ich jetzt ganz «voll» bin – dann ruhe ich u.
schreibe Dir wieder einen lieben – langen Brief.
habe ich Dir schon gesagt, dass ich je 10 Bilder in hiesigen
grossen Kunsthandlungen habe – die einen angekauft, d.
andern als Kommission –
aber ich habe immer noch über 100 um mich herum – eine
grosse Familie.
vorletzte Nacht schrieb ich an Cocteau – Du weisst – er ist
schwer leidend in einem Spital – (infolge Opium) u. ich
darf sein Freund sein! er schrieb mir letzthin am Schlusse
seines Briefes: je vous embrasse …

Herzlicher Gruss

Dein A.

Jean Cocteau an Andreas Walser, Brief aus der Klinik in St. Cloud, 16.1.1929 (Übersetzung S. 259)

«Lire entre minuit e 1 heure du matin»

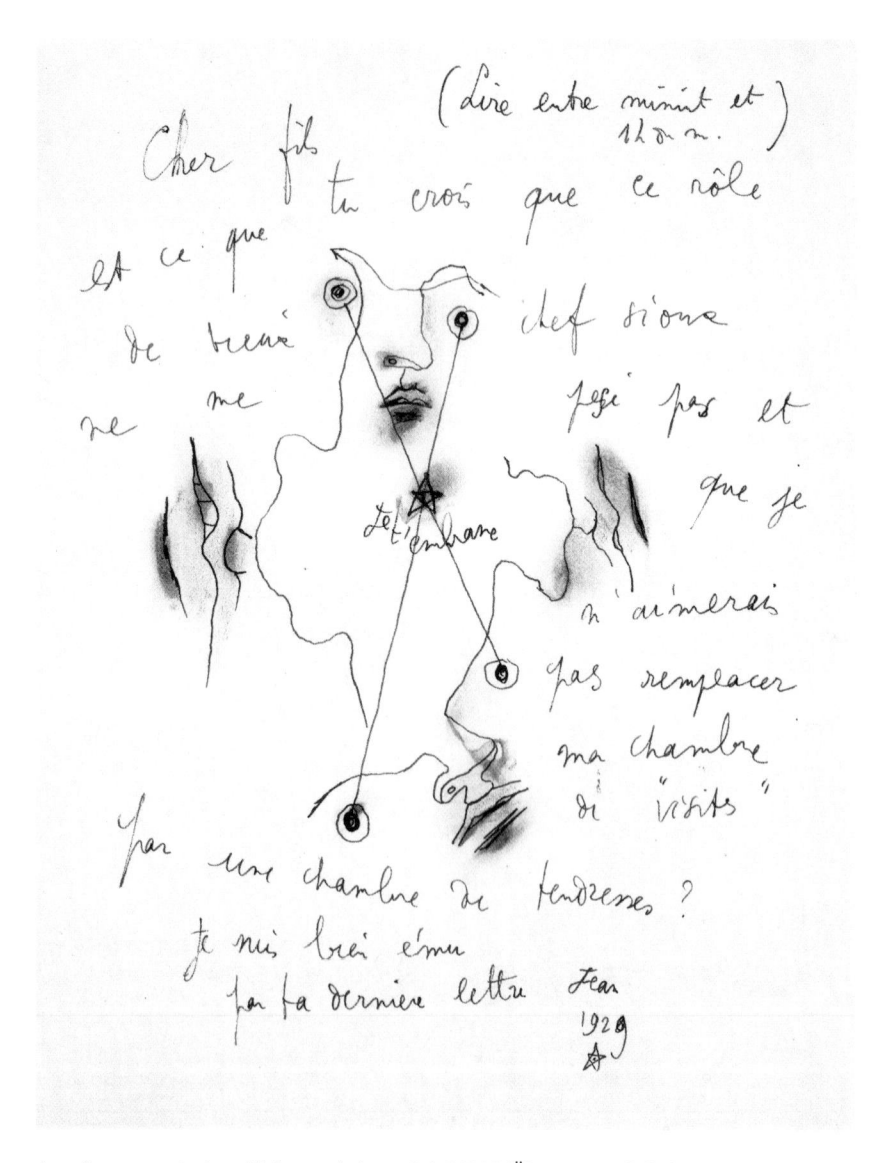

Jean Cocteau an Andreas Walser, undatierter Brief, 1929 (Übersetzung S. 259)

Rêve, Öl auf Leinwand, um 1929

Ohne Titel (Abstraction), Öl und Sand auf Karton, 16.3.1929

17.3.1929

Mein liebes Bärby

letzte ganze Woche nun arbeitete ich tagtäglich bei einem fotografen – da ich die moderne foto erlernen will (ökonomischer grund) die arbeit freut mich u. geht gut – nur bleibt mir wenig zeit zum malen – u. das übel ist das, dass ich seit ende februar fast nichts getan habe –
was mich angeht – merke ich den «frühling» ! u. bin oft «krank» daran u. immer wieder kommen die alten Konflikte – ich bin ein so kompliziertes ding. u. nur meine bilder enttäuschen mich nicht.

Inzwischen grüsse ich Dich ganz herzlich

Dein Andréas

Ohne Titel, Fotogramm, Silbergelatinepapier, 1929

13.4.1929

Mein liebes Bärby –

Gestern besuchte mich d. Dichter der Galerie 4 chemins – im okt. macht man mir dort eine Ausstellung (ehre) u. ein paar bilder gehen jetzt als ständige ausstellung dorthin, z.B. die bildnisse Picasso, – Cocteau, – Colette – 3 meiner bilder, die am meisten eindruck machen, weil sie wirklich ganz neuartig sind –
jetzt liege ich wieder wie ein nichtsnutz u. träume – weiss bald nicht mehr was.
Der Arzt sagte mir nach allen möglichen Experimenten, vous êtes complètement intoxiqué (vergiftet) Kaffee, rauchen … daher meine masslose empfindlichkeit – nun wird es mir hart angehen, anders zu leben, wenn ich mich nicht ganz verteufeln will – aber … ich hab in solchen «gemachten» Momenten doch meine besten bilder gemalt – es ist sicher wahr – Jean Cocteau sagt mir so lieb: tu dois savoir jusqu'où il faut aller trop loin …

Portrait Jean Cocteau, Öl auf Leinwand, 1929

ich bin jetzt im Stadium der «Entwöhnung» – das gibt eine seltsame seelenverfassung, glaube mir das. wenn ich einmal wieder ausgehen kann, geht's leichter, man vergisst sich eher.
ich hab's gewiss nicht immer so leicht – u. leide an dingen die niemand sieht noch ahnt – nun das habe ich eingesehen – dass ich nicht so fortfahren darf – sonst endets bald, u. das habe ich doch nicht im Sinne –

Lebe wohl – mein so liebes Bärby ganz

Dein Andreas

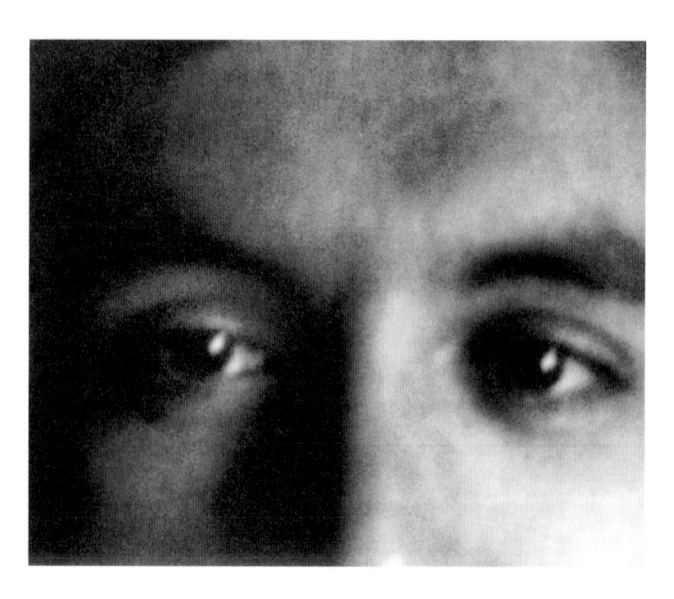

Die Augen Andreas Walsers
Foto: Peter Walser

Ohne Titel, 1929, Tusche auf Papier

Mein gutes liebes Bärby
trotz meines schrecklichen
Zustandes – Dir einen lieben
[illegible] [illegible] muss ich jetzt – ich habe
eben liegend deinen Brief gelesen –
ich fühle mich unfähig Dir etwas
zu sagen – nur dies – Du bist so
lieb so gut mit mir –
[illegible] morgen – Freitag glaube ich –
mit meinem [illegible] [illegible] ein wenig
besser – [illegible] gestern ging auch [illegible]
[illegible] noch [illegible] –
aber ach kenn Du [illegible] ganz
vorstellen kannst – mein jetziger
[illegible] [illegible] ich fühle mich so
allein – meine Bilder [illegible] nur [illegible] –
ich kann nicht [illegible] arbeiten – kein
[illegible] da zeichne
viel zu schwach – [illegible] unmöglich
ich – aber es ist mir
[illegible] zu vergessen – [illegible] besonders kann
[illegible] so etwas anderes zu [illegible] mir –
jetzt [illegible] letzten alles was ich liebes Bärby
das ist [illegible] Nähe – Du zu schreiben

Poststempel, 19.4.1929

Mein gutes liebes Bärby

trotz meines scheuslichen zustandes – Dir einen lieben
Gruss – liegen muss ich jetzt – ich habe eben liegend
Deinen brief gelesen – ich fühle mich unfähig Dir etwas
zu sagen – nur dies – Du bist so lieb so gut mit mir –
es ist morgen – freitag glaube ich – mit meinem fuss
geht's ein wenig besser – ging gestern kurz aus – tut zwar
noch weh –
aber ach wenn Du Dir das ganz vorstellen kannst – mein
jetziger seelenzustand u. ich fühle mich so allein – meine
bilder tun mir weh – ich kann nicht weiterarbeiten – bin
viel zu schwach – hie u da zeichne ich – aber es ist mir
unmöglich mich zu vergessen –
Jean Cocteau u. Desbordes kamen letzthin wieder zu mir
– das ist alles was ich jetzt habe – Dir liebes Bärby
zu schreiben

tut mir unendlich wohl – Walter schrieb ich glaub ich
letzthin – er ist so lieb – ich fühle mich immer mehr zu
Euch beiden zurückgezogen man hilft mir man redet mir
zu – man liebt mich und tut was man kann – aber ich
habe alles <u>selbstvertrauen verloren</u>. Ich werde doch nie
imstande sein zu leben wie ich sollte.
gutes liebes Bärby – ich bin so stolz auf Dich – Du hilfst
mir viel viel durch Deine ausharrende Güte u. dass Du
mich nicht schon lange aufgabst beweist mir Deine
Mirähnlichkeit
ich wage nicht weit vorauszuschauen – meine Seele sucht
Liebe die unmöglich ist – unauffindbar daran – an irgend
etwas ende ich – u. Dir darf ich es sagen. oft scheint mir
dass ich in d. Kunst viel zu weit bin

lieb mir unendlich wohl –
Walter schrieb ich glaub ich letzthin – es ist
so lieb – ich fühle mich immer
mehr zu Euch beiden hin mitgezogen
man liegt mir – man redet mir
zu – man liebt mich und tut
was man kann – aber ich habe alles
Selbstvertrauen verloren – ich werde doch
nie imstande sein zu leben. wie ich
sollte – ich bin so
gutes liebes Bärby – du liegst
stolz auf dich – –
mir viel durch deine Aus-
harrende Güte u. dass du mich
nicht schon lange aufgabst beweis[t]
mit deine [illegible]ähnlichkeit
ich wage nicht . weis [illegible]
schauen – meine Seele [illegible]
Liebe die un möglich ist – [illegible]
daran – an [illegible] es [illegible] oft
ich – u – du [illegible] ich in d. [illegible]
scheint mir dass ich viel zu weis [illegible]

d. Frühling vergeht – ich habe nichts
von ihm –
Ich, mein liebes Bärby – so wie
ich Dich kenne verstehst Du u. verstehst
Du nicht weil Du beides hast – Habe
nur das nach untengehende –
d. Gedanke an Papa u. Mama tut mir
weh – sie können mich nie nie verstehen
u. ich bin doch ihr Kind. u. mein lieber
Peter – ich wage nie ihm zu sagen
was ich fühle u. denke – ich habe angst
ihm zu schaden – es ist so gut – so
selten rein – so ganz wie immer
Feuer, an es war – u. ich möchte ja nicht
sein wie die anderen – die vielen –
Liebes Bärby – denke immer
mit Deinem großen Vertrauen an mich
habe mich trotz doch lieb haben – und
lebe wohl – meine moordunkles [?]
Vergehen wirst Du hast würdest
Du alles begreifen. aber es wird schon
besser werden – Dein H
Andreas – Paris
als paket ist gestern abgegangen   Freitag morgen
vielleicht kommts noch   Sitze u. esse schon
ich schreib Dir dann sofort   bald 3 Wochen nichts da

d. frühling verzehrt – ich habe nichts von ihm –
sieh Du liebes Bärby – so wie ich Dich kenne verstehst Du u.
verstehst Du nicht weil Du beides hast – ich aber nur das nach
unten gehende –
d. gedanke an Papa u. Mama tut mir weh – sie können mich nie nie
verstehen u. ich bin doch ihr Kind. u. mein lieber Peter – ich wage
nie ihm zu sagen was ich fühle u. denke – ich habe angst ihm zu
schaden – er ist so gut – so selten rein – so ganz wie unser Florian
es war – u. ich möchte ja nur sein wie die andern – die vielen –

Liebes Bärby – denke immer mit Deinem grossen vertrauen an
mich liebe mich wie ich Dich lieb habe – und lebe wohl –
Verzeih mir meine unordentlichkeit, wenn Du mich sähest würdest
Du alles begreifen. aber es wird schon besser werden –

Dein   Andréas

freitag
morgen
paris
als paket ist nichts erschienen
vielleicht kommts noch
ich schreibe dann sofort
sitze u. liege schon
bald 3 wochen nutzlos da

Samstag 4h, 4.5.1929

Mein liebes Bärby –

ich erhielt Deine Karte und u. den
Eilbrief (heute Samstag 4h) sei ganz ruhig – es ist
vorüber!
Dir darf ich es jetzt sagen ich <u>bin hart am Tode
vorbeigegangen – langes vollständiges aussetzen des
Herzens</u> (4 ärzte arbeiteten an mir – die ich alle nicht
erkannte – ich war geistlos).
Ich habe gestern Freitag nachhause geschrieben
(natürlich so gesund wie möglich).
Bewies meine starke natur – ich sehe scheusslich aus –
bin ganz schwach – gehe nicht aus – nur an jenem Tage,
als ich Dir schrieb – auf d. Strasse. es kommen immer
wieder kleine Reflexe (alle 14 tage soll sich das immer
vermindert wiederholen). jetzt bin ich sehr unruhig zB.
<u>aber es ist nicht die geringste Gefahr mehr.</u> Sei ruhig. ich
weiss nicht was Nel Dir schrieb – er brachte nur Deine
adresse aus mir heraus wann weiss ich nicht. ich lag 3
tage bewusstlos im

Mein liebes Bärty —   Samstag 4ʰ
                                4.5.29

                    Ich erhielt Deine
                    Karte u. den
Eilbrief → (heute Samstag 4ʰ)
Sei ganz ruhig — es ist vorüber.
Dir darf ich es sagen,
ich bin hart am Tode vorbei
gegangen — langes vollständiges aussetzen des Herzens*
bewies meine starke Natur —
ich sehe scheusslich aus — bin
ganz schwach — gehe nicht
aus — nur an jenem Tage, als
ich Dir schrieb — auf d. Strasse.
es kommen immer wieder
kleine Reflexe (alle 14 tage soll sich das
wieder immer vermindert wiederholen.)
jetzt bin ich sehr unruhig z.B.
aber es ist nicht die ge-
ringste Gefahr mehr. Sei
ruhig. ich weiss nicht was
mel Dir schrieb — es brachte mir Deine adresse
ich lag 3 tage bewusstlos m   aus mir heraus
                             wann weiss ich
                             nicht.

* ich habe gestern nach heute — freitag
  am uhren — die ich sang — mehr das so gesund
  alle nicht skrumble — ist verschoben. so schrieben. (Wie mir geht:

4 ängste arbeiten.

bette – dann folgten entsetzte
Erschütterungen – stundenlanges
hin u. her zucken des ganzen
Körpers. Ich war was man
sagt verrückt – man musste
alles vor mir verstecken ich
suchte alles zu verschlingen — z.B. Tinte und mal öl etc.
dies die folge des zuvielen
Kaffeetrinkens. – am 25. april
war ich bei einem arzt, der mir
sagte dass es höchste zeit sei
mich zu retten, ich sei vollständig "intoxiqué". warum u.
wie u. wann ich sein Gegenmittel das Morphine u. opium
enthält samt u. sonders verschlang weiss ich nicht.
Jetzt natürlich bin ich noch
ganz voll Gift u. muss

bett – dann folgten entsetzliche erschütterungen – stundenlanges hin u. her zucken des ganzen körpers – ich war was man sagt verrückt – man musste alles vor mir verstecken ich suchte alles zu verschlingen – zB. Tinte und malöl etc. dies die folge des zuvielen Kaffeetrinkens – am 25. April war ich bei einem arzte, der mir sagte dass es höchste zeit sei mich zu retten ich sei vollständig intoxiqué. <u>warum</u> u. wie u. wann ich sein gegenmittel das morphine u. opium enthält samt u. sonders verschlang weiss ich nicht. jetzt natürlich bin ich noch ganz voll gift u. muss mit höchster Geduld dies langsam entfernen lassen – eine Einspritzung von «Caféine» (ich kenne diese Wörter nur auf franz.) während d. ersten Tage hat mich beruhigt – aber jetzt wirkt all das sich aus. ich habe gemalt gestern – 8 bilder – viel viel besser als alles andere – u. gegen 100 zeichnungen gemacht letzthin, ich lese, ich träume u. fühle mich geistig u. künstlerisch sehr stark – aber körperlich nat. nicht besonders. ich bin geradezu grün am ganzen Körper – meine Adern scheinen tief schwarz durch u. ich zittere noch sehr – all das geht langsam vorbei –

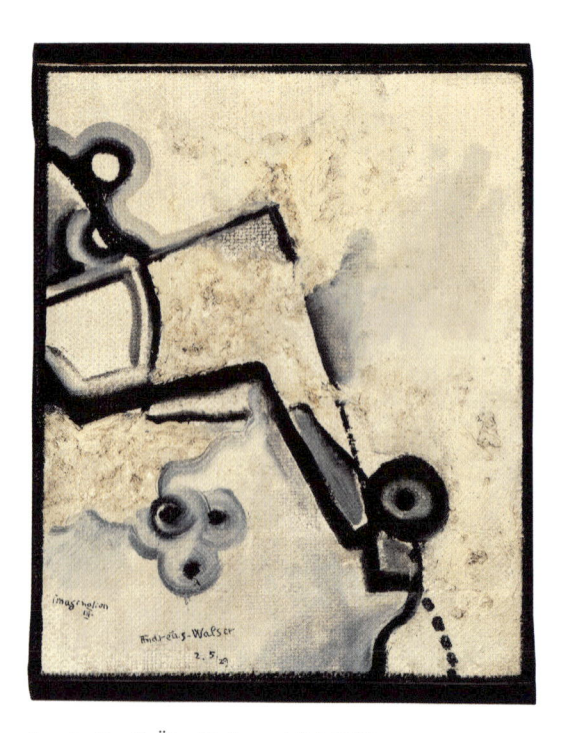

Imagination III, Öl auf Leinwand, 2.5.1929

mit höchster Geduld dies 2.
langsam entfernen lassen –
eine Einspritzung von Caféine
(ich kenne diese Wörter nur auf franz.)
während d. ersten Tage
hat mich so beruhigt – aber
jetzt wirkt all das nicht mehr.
Ich habe gemalt gestern –
8 Bilder – viel viel besser als
alles andere – u. gegen 100
Zeichnungen gemacht letzthin
ich lese, ich träume u.
fühle mich geistig u. künstlerisch sehr stark – aber
körperlich nat. nicht besonders.
ich bin geradezu Grün am
ganzen Körper – meine Adern
scheinen tief schwarz durch u. ich
schlafe noch sehr – all das
geht langsam vorbei –

Ohne Titel, Öl und Sand auf Leinwand, 23.4.1929

Ohne Titel, Öl und Sand auf Leinwand, 14.5.1929

Wildboden, 6.5.1929

Mein lieber guter Walser,

Ihr Brief kam eben an. Es tut mir leid, dass Sie so krank sind. Wie kam denn das? Oh halten Sie sich nun nur von diesem verdammten G fern. Glauben Sie mir, man wird nur unfrei und krank davon und verliert seine Zeit, die man für die geliebte Kunst so nötig braucht. Die Phantasie braucht keine solchen Anreger, gewiss nicht, es wird noch einen schweren Kampf geben, wenn Sie erst wieder kräftig sind, aber stemmen Sie Ihren ganzen Willen gegen die Anfechtungen, mit jedem Tag wird es Ihnen leichter werden. Glauben Sie mir.
Ach mein lieber, ich wäre gern bei Ihnen um Ihnen zu helfen, wenn ich kann. So denke ich nur, Sie werden Geld brauchen und lege Ihnen 200 Frs. ein, brauchen Sie mehr, so schreiben Sie es mir. Ich bin froh, dass Sie Freunde haben, die Ihnen beistehen. Sie sind glücklich daran, dass Sie im Atelier liegen, nicht im Krankenhaus. Sagen Sie niemand von der Einlage, nicht wahr, und lassen Sie bald wieder von sich hören.
Wegen meiner Ausstellung in Paris, machen Sie sich keine Sorgen. Das wird ganz von selbst, wenn es soweit ist. Sie wissen ja, ich bin nicht so ehrgeizig, ich weiss, dass der eigentliche Ruhm erst nach dem Tode kommt und Sie müssen vor allem für Ihre eigenen Arbeiten einstehen, das ist viel nötiger für Sie als alles andere.

Mein lieber Freund, von Herzen gute Besserung und eisernen Willen. Dann kommen Sie auch durch und die Sonne lacht Ihnen wieder. Nur fest sein.

Herzlichste Grüsse und baldige Besserung

Ihr E L Kirchner

11.5.1929

Liebes Bärby

ich bin ein armer Esel – es ist Mittag – seit gestern abend
male ich ununterbrochen – da hilft nun einmal alles
nichts – und ich bin doch so schwach noch –
mein Kopf ist schlimm dran
ich bin seit der letzten affäre noch viel viel empfindlicher
leide an allem meine Bilder sind gut jetzt. ich komme
weiter es war doch der Mühe wert mich zu retten – aber
ein Esel werde ich immer bleiben
Seit ich nicht mehr verrückt bin bin ich durch 1000
Stadien gegangen – gesund – mein Gott noch lange nicht
– aber besser. Und Du weisst ja – ich leide auch an Ideen
– vielleicht am meisten dort – u. kann doch nichts ändern
Kirchner schreibt mir öfter – Cocteau tröstet mich
liebevoll
hoffe weiter auf mich und denke lieb von mir

Dein Andréas

Le matin (2h) – 2 têtes, Öl auf Leinwand, 1929

Wildboden, 26.5.1929

Mein lieber Walser,

Ihr letzter Brief sieht wirklich nicht gut aus. Ich glaube schon, dass vous n'avez pas bu, aber die Giftmengen, die in Ihrem Körper noch stecken, cirkulieren und machen Sie doch von Zeit zu Zeit wieder besoffen. Sie können auch nicht erwarten, so schnell gesund zu werden. Sie werden sich erst besser fühlen, wenn Sie 3 Wochen lang ohne sind. Dann erst erkämpft sich das Gesunde in Ihnen die Macht über die kranken Instinkte. Glauben Sie es mir, ich weiss es genau.
Wenn wir uns wiedersehen, will ich Ihnen einiges über solche Mittel erzählen. Jetzt muss ich trotz meines tiefen Mitgefühls mit Ihnen doch ein wenig lachen: Glauben Sie, dass man die Fähigkeit, gute Bilder zu malen, durch Mittel erreichen kann, die man aus der Apotheke bezieht? Nein, nein, das ist Unsinn, mein lieber, ebenso wie man nie ein grosser Maler werden kann, das ist man oder man ist es nicht. Sie haben gute Gaben und auch einen Geist, intelligent genug, diese Gaben zu entwickeln, d.h. sich auswirken zu machen. Wenn Sie aber so forcieren, so verschleudern Sie sie, wie man eine Pflanze durch Reize so forcieren kann, dass sie erst kurz aufblüht und dann verwelkt.

Sie sollten jetzt, wie die körperlichen Rückschläge kommen und Sie sich todwund fühlen, lieber nichts tun, oder doch nur sehr wenig, viel liegen, viel und gut essen, viel Salat und Gemüse, wenig Fleisch und keinen Alkohol, aber sobald Sie sich kräftiger fühlen viel warm baden und schwitzen, dann wieder liegen, bis der normale Zustand wieder erreicht ist. Es kostet viel, viel Willen, den ich Ihnen wünsche, denn Sie werden in der Reconvaleszenz die feinsten und zartesten Bilder malen können und das Leben wird Ihnen nachdem Sie standhaft gekämpft und sich überwunden haben, herrlich erscheinen und Ihr Stolz wird wachsen.

Ach hätten Sie mir doch ein Wort gesagt, als Sie das letzte Mal da waren, ich hätte Sie warnen können. Wie kamen Sie nur zu diesem Nonsense.

Jetzt können Sie nun nur gegen diesen Irrtum arbeiten, aber Sie sind ja jung und haben Zeit. Am besten wäre es, Sie liessen sich von einem guten Arzte behandeln und machten genau, was der sagt, natürlich von einem wirklichen Menschenarzt, keinem Pfuscher oder Moralprediger. Solche Dinge haben damit nichts zu tun.

Es gibt übrigens ein gutes neues Mittel, das mit Vorteil bei Entziehungen verwandt wird. Es heisst Tonophosphan ich sende Ihnen den Prospekt hier. Vielleicht kennt man es in Paris noch nicht. Die Dosis ist 1 Ampulle pro Tag. Es wirkt deshalb so gut, weil es den natürlichen Stoffwechsel im Körper gerade bei Vergiftungskrankheiten wieder einrenkt, das Herz anregt und kein Gift ist. Mit diesem Leichtsinn haben Sie eben auch Ihr Nervensystem herunter gebracht, das müssen Sie nun erst wieder in stand setzen und kräftigen und tüchtig essen. Sehen Sie, es ist im Leben so, dass meist nur Menschen mit grosser Güte und Menschenliebe begabt, hochkommen. So glaube ich, dass Picasso ein solcher ist. Wenn er sich für Sie interessiert, so wird es wohl deshalb sein, weil er fühlt, dass Sie Hilfe brauchen, menschlich. Und da er in Ihnen den werdenden Künstler spürt, so ist es eine gute kameradschaftliche Tat. Hatte er Ihnen nicht damals zu einem Verkauf verholfen? Er glaubt, Sie seien arm und da Sie in seiner Art arbeiteten, so konnte er Ihnen leicht zum Verkauf helfen. Sie helfen ihm auch, denn Sie verbreiten durch Ihre Bilder seine Art. Wenn Sie später Ihre eigene haben werden, dann sind Sie selbst zu den Quellen des Schaffens gelangt, der sichtbaren Welt und den eigenen Empfindungen davon, die Ihre eigene Form dann erzeugen werden. Dazu dient Ihnen auch gut diese jetzige Periode des Leidens, in der Sie gerade durch die Schmerzen sich selbst genauer kennenlernen als es sonst möglich ist. Nur müssen Sie stark sein und immer die Kontrolle behalten. Dann wird Ihnen auch die Zeit kommen, wo Sie

diese mich unverständliche Verehrung für die «Meister» verlieren werden, wenn sie nicht Konvention ist, wie ich vermute. Denn es gibt in der Kunst kein Gross und Klein, nur sind die Künstler verschieden je nach menschlichen Dingen, die sie ausdrücken und gestalten.
Mein Brief ist schon recht lang geworden darum für heute gute Besserung und alles Gute

Ihr E L Kirchner

Ernst Ludwig Kirchner vor dem Wildbodenhaus,
um 1928, Selbstporträt

Ohne Titel, Tusche und Aquarell auf Papier, 1929

Nature morte, gewidmet: *à Georges Hugnet 18.6.29*, Öl auf Leinwand und Karton, 1929

25.6.1929

Mein liebes Bärby

Die blödsinnige Tatsache, dass ich heute zu einem Mittagessen eingeladen bin, wo ich absolut erscheinen muss (ich erscheine selten) hielt mich davon zurück mich wieder zu vergiften – so das scheinbar Untragbare zu fliehen ich tat es nicht u. bin heute halbfroh darob – obwohl es in mir noch schwer genug aussieht.

Sitze da jetzt urallein in Paris – dort wo so viele mich liebhaben – haben möchten – wo ich unablässig liebe – wo es doch nie zusammen geht – sitze u. bin froh Dir zu schreiben – es ist ein grosses u. seltenes, dass wir uns so schreiben können – körperlich geht es mir gut jetzt – und so oft muss ich an den schönen Satz Nietzsches denken, der in seinem letzten Brief an seine Mutter schrieb: « …. nichts ist krank als die liebe Seele.» meine Arbeit tut mir weh u. doch halte ich es nicht aus ohne. Nach einer langen Pause fing ich letzthin wieder zu malen an –
meine Lieben zu hause drängen an meinem Heimkommen – ich muss aber noch hierbleiben – wie lange ? –

ich grüsse Dich

ganz Dein

A.

2.8.1929

Mein Bärby

ich möchte weinen wie ein Kind – laut aufheulen – Mir ist schwarz vor den Augen.
dann sitze od liege ich da und sehe meine zitternde Hand u. frage mich warum all das – und dann fängts wieder vorn an. eine endlos lange Reihe von Gedanken.
himmel es war doch schön – einst – so ganz selten schön – u. mir brachte es ein neues Sein – mich hielt es am Leben – oh diese nächte von damals, als ich fort – einfach fort vom Leben wollte –
und doch noch da bin und da sein werde manche Nacht wie wird das noch werden – wenn ich wieder weg bin und ganz allein mit allem fertig werden muss
ich weiss es schon lange: einmal irgendwie werde ich dran zugrunde gehen.
Mache Dir keine Sorgen – aber ich kann es nicht mehr anders sehen, schon lange nicht mehr.
Schlafe wohl, liebes Bärby

Dein Andréas

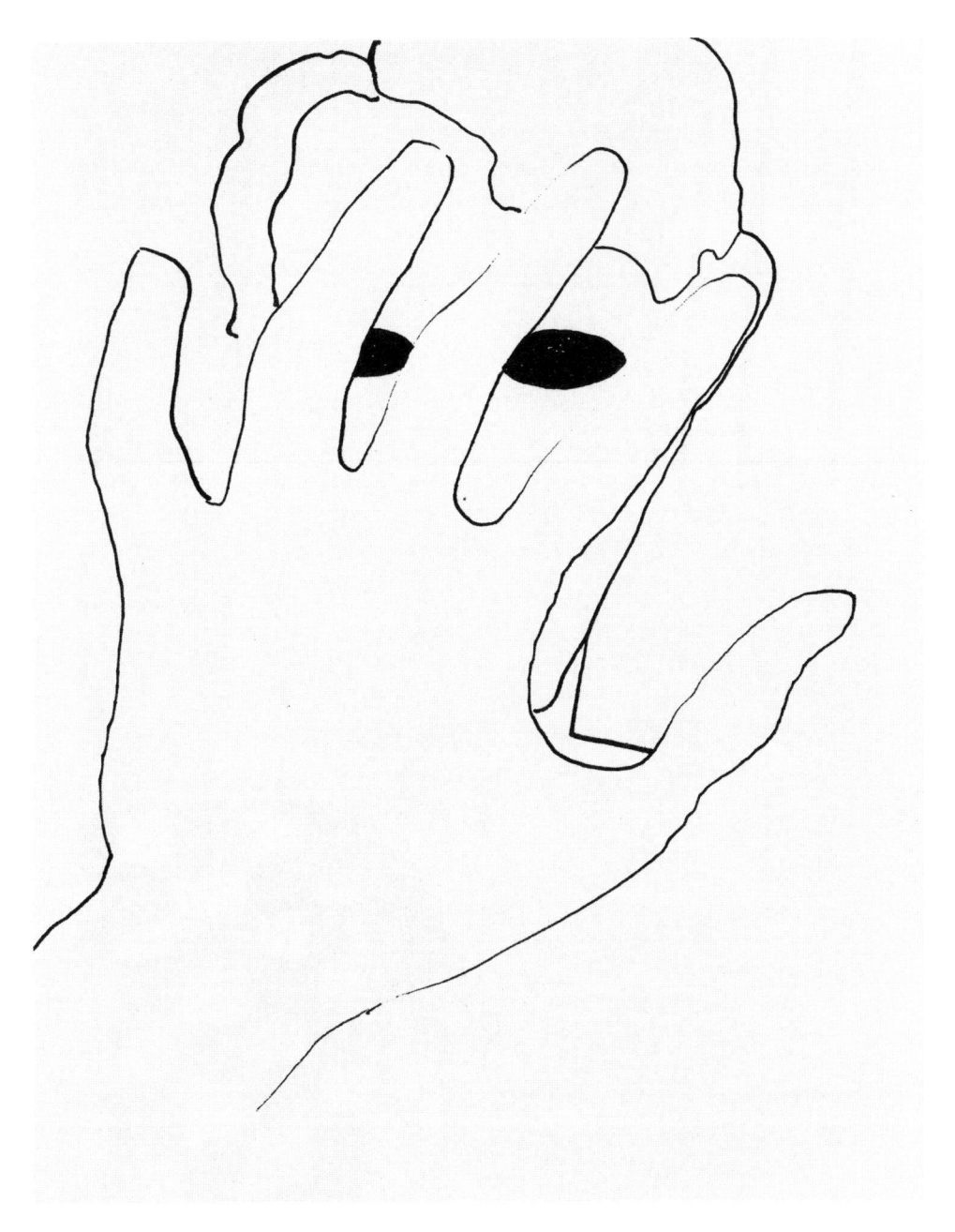

Ohne Titel, Tusche auf Papier, um 1929

Table rouge (balcon I), Öl auf Leinwand, 3. 6. 1929

Wildboden, 12.8.1929

Mein lieber Walser

Halten Sie nur durch, das ist das Wichtigste für Sie jetzt. Denn um als Maler zu leben, muss man vor allen Dingen gesund sein und unabhängig. Sie sahen so wohl und gesund aus diesmal. Im Winter dagegen wie ein alter Mann gelb und faltig im Gesicht.
Glauben Sie mir, ich weiss es, wie es ist. Ich habe viel durchgemacht im Leben. Zerstören Sie sich nicht selbst, Sie werden es bereuen, wenn es geschehen ist. Es kostet viel Willen, aber jeder solcher Willensakt macht einen glücklich und man fühlt seine Kraft wachsen, die wirkliche, nicht die vorgetäuschte aus dem Mittel.

Ihrem E L Kirchner

Und seien Sie ruhig und fest immer.

Frauenkirch 17.8.1929

Mein lieber Walser,

wo bleiben Sie denn? Sie sollten doch schon längst zu uns kommen. Sind Sie nun in Chur oder noch in Paris. Bringen Sie Photos nach Arbeiten von sich mit das wäre schön.

Herzliche Grüsse

Ihres E L Kirchner

19.8.1929

Lieber W.

Soeben kommen Ihre schönen Photos. Ich erwarte Sie schon mit Ungeduld. Es ist ein Bauhausmaler hier, den ich Ihnen gern vorstellen möchte damit der Süden und der Norden sich treffen. Es sind feine Sachen dabei bei Ihren Photos.

Herzliche Grüsse

Ihr E L K

Erna Schilling und Ernst Ludwig Kirchner vor der Veranda des Wildbodenhauses, 1925/26
Foto: Ernst Ludwig Kirchner

dieses Köpfchen macht
Dir vielleicht
 eine kleine Freude
  und
   ein lieber
    Gruss
     möcht
   Es sein
  Sonst nichts.
  ich bin
  gegenwärtig
  ein wenig
  "nervös"
   nicht im
    Stande
   einen Brief
      zu
    schreiben

Wir bleiben bis
spätestens Donnerstag
8 Tage hier — dann an
8 Tage Kühwo, u. um dann nach Süden

ich denke
an Dich
und grüße
Dich herzlich
 Dein
  Andreas

Berlin
18 August 29

meine innere
Kurve geht so: ∧∧∧∧∧∧

17.8.1929

An Bärby Hunger

dieses Köpfchen macht Dir vielleicht eine kleine Freude
und ein lieber Gruss möchte es sein sonst nichts. ich bin
gegenwärtig ein wenig «nervius»
nicht im Stande einen Brief zu schreiben

ich denke an Dich und grüsse Dich herzlich

        Dein Andréas

Bergün

   18. August 29 gegen Abend

       meine innere
       Kurve geht so:

wir bleiben bis spätestens Donnerstag in 8 Tagen hier –
dann erst reise ich zu Kirchner u. von dort nach Chur

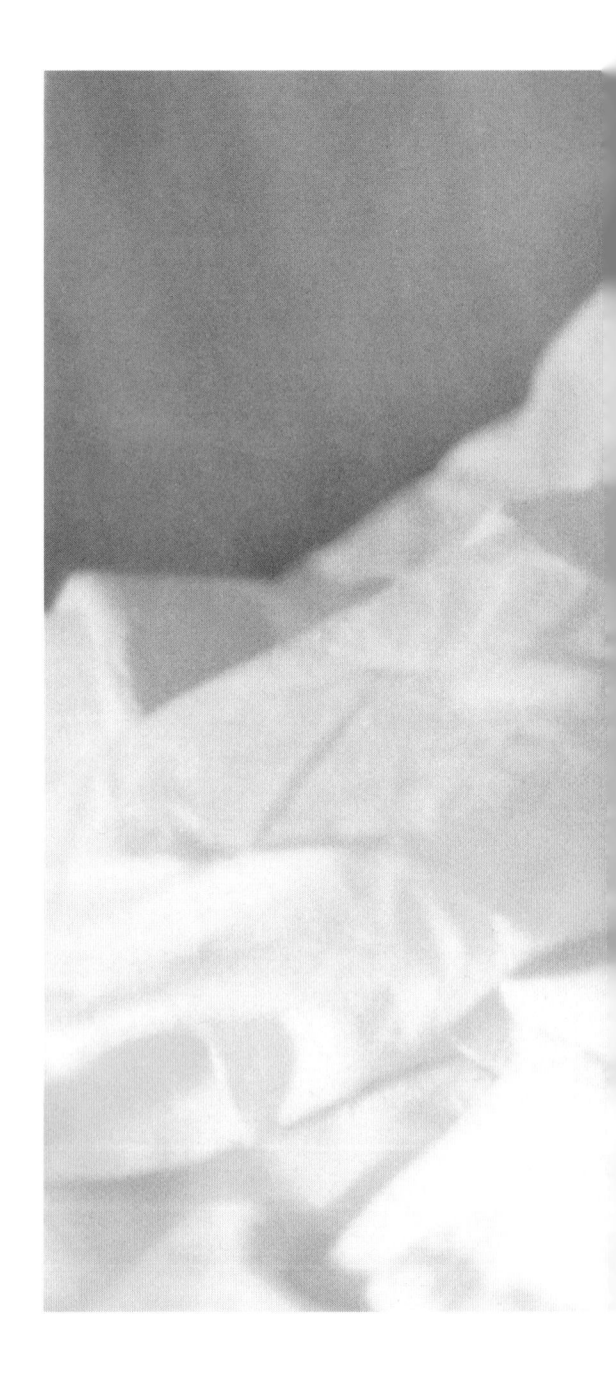

Andreas Walser während seines Aufenthalts
in Graubünden im Sommer 1929
Foto: Peter Walser

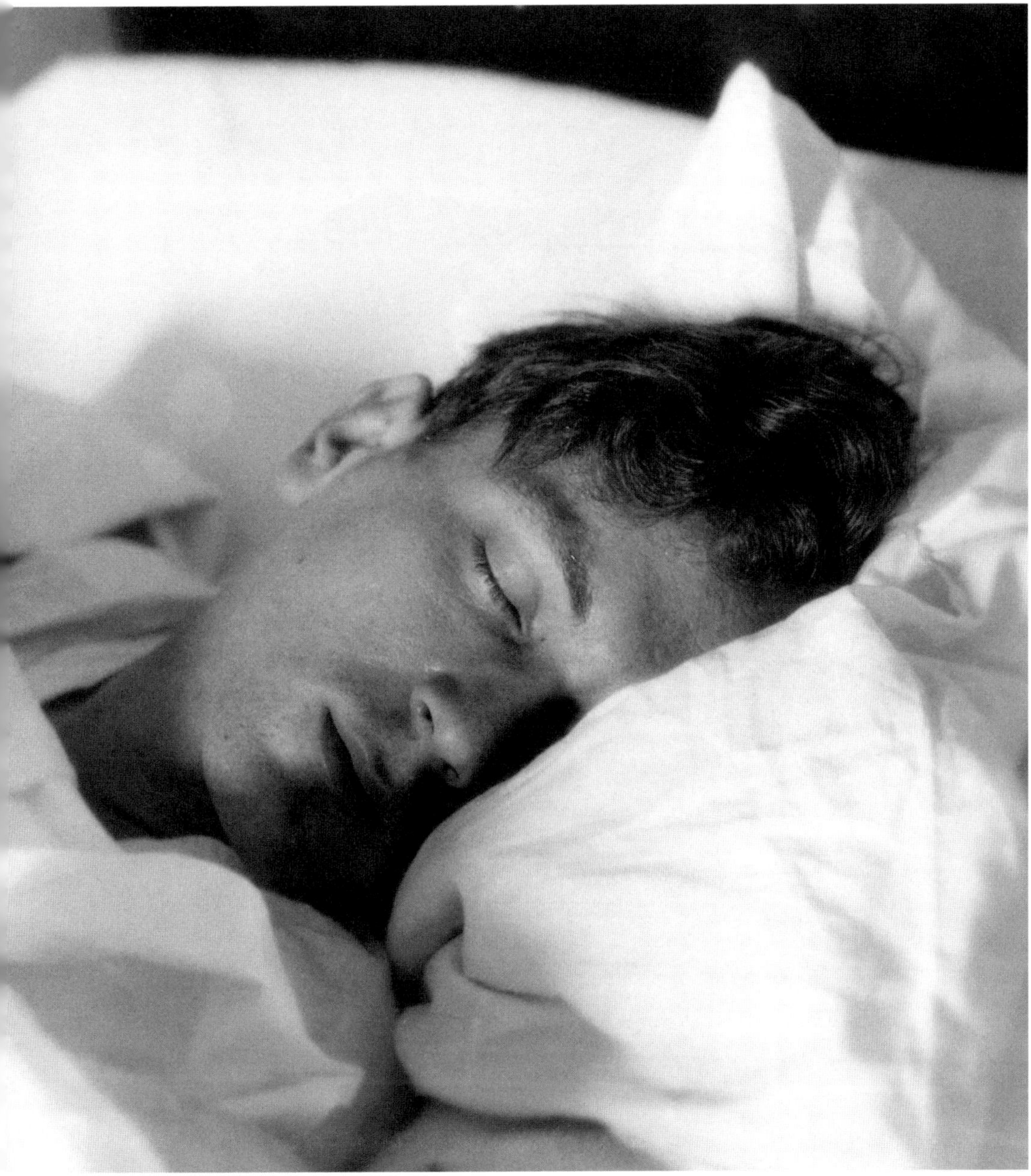

Ohne Titel, Tusche auf Papier, um 1929

20.8.1929

An Bärby Hunger

Die Nacht war unruhig für mich und lange – wie das alles
an mir vorbeizog – all die letzten Jahre – alles – alles –
für schlaflose gibt es so viel zu denken – es ist manchmal
schrecklich!
ich bin froh Kirchner noch einmal zu sehen – er gibt mir
immer viel Mut mit und ich bin so stolz auf ihn.
Lange werde ich es in paris doch nicht mehr aushalten –
mein Traum geht immer mehr nach Berlin. Und da ich hin
darf wo ich will muss ich glücklich sein!
doch wozu nützt mir all das jetzt – es ist ja nur ein
Gedanke, der mir jetzt durch den Kopf geht – und da ich
an Dich denke u. Dich liebe schrieb ich Dir

Dein A.

Andreas Walser, vor seiner Abreise nach Paris Ende September 1928
Foto: Peter Walser

Wildboden, 23.9.1929

Lieber Walser,

eben kommt Ihr Brief mit der Bitte um Rücksendung der Gedichte. Ich sende sie Ihnen heute nachmittag gleichzeitig mit diesen Zeilen. Die Gedichte sind gewiss schön und schlicht in der Sprache und es gefällt mir, dass sie ohne Reime doch Rhythmus haben.
Schade ist nur, dass Sie nur die Melancholie, die in Ihrem Alter ja in jedem Menschen ist so bewusst kultivieren und dadurch nicht die andere Seite des Lebens, die überschäumende Lust sehen wollen, die zum inneren Gleichgewicht gehört.
Ich lege Ihrem Buche den Whitman bei, meinen Lieblingsdichter. Bitte lesen Sie ihn und senden Sie ihn mir zurück, bevor Sie wieder nach Paris fahren. Mir hat Whitman oft geholfen in jungen Jahren, wenn ich traurig war, vielleicht bläst er auch Ihnen etwas Mark in die Knochen. Sie beschäftigen sich zuviel mit sich selbst, das ist ungesund. Es geht Ihnen äusserlich jedenfalls zu gut, darum haben Sie überschüssige Kraft, die sich gegen Sie selbst wendet, wenn Sie sie nicht ableiten. Sie sollten etwas Sport treiben, der Ihnen Ausarbeitung gibt. Arbeiten Sie jetzt etwas? Suchen Sie doch etwas nach der Natur zu malen. Ganz einfach und schlicht. Chur hat doch sicher

schöne Plätze dazu. Das giebt Ihnen wieder etwas Kraft. Recht grosse Flächen sollten Sie bemalen und richtig farbig, nicht bloss skizzieren, oder schnitzen Sie Figuren aus Holz oder Stein, das wäre etwas. Nur Arbeit leisten. Dann gehen solche hysterische Anwandlungen von selbst weg. Ein Mensch wie Sie in bevorzugter Stellung im Menschenleben, ohne materielle Not und begabt und tätig im schönsten Beruf, den es giebt, muss wirklich ein wenig heller in die Welt blicken.
Wenn Sie tüchtig und anhaltend arbeiten, kommen Ihnen auch keine trüben Gedanken und auch Sie haben das nötig, wenn Ihre Eigenart in der Kunst herauskommen soll, trotzdem oder vielleicht gerade weil Sie leicht arbeiten. Herr Zehnder schrieb neulich, er freue sich sehr darauf, Sie in Paris zu sehen, schliessen Sie sich ihm ein wenig an. Er ist ein sehr guter und aufrichtiger Mensch. Wie wird es nun mit Dessau?

Besten Gruss

Ihr E L Kirchner

Kommen Sie doch nochmal her, bevor Sie nach Paris gehen. Wir sind jetzt allein.

Ernst Ludwig Kirchner im Wildbodenhaus, um 1930, Selbstporträt

Frauenkirch, 23.9.1929

Sehr geehrte Frau Walser,

nehmen Sie herzlichen Dank für die Sendung der herrlichen Pflaumen. Es war aber gewiss nicht nötig, dass Sie sich so für den kurzen Aufenthalt Ihres Sohnes bei uns bedanken. Wir haben ihn immer gern hier und macht es wirklich nichts aus, ob einer mehr oder weniger bei uns am Tisch sitzt.
Es verkehren ja viele junge Künstler bei uns und freuen wir uns, wenn wir ihnen ein wenig helfen können und sie miteinander bekannt machen.
Ihr Sohn machte uns das letzte Mal ein wenig Sorge durch seine sehr melancholische Stimmung. Ich hoffe aber, dass diese aus den Entwicklungsjahren kommt, in denen er sich befindet und dass sie bei Ihnen zu Hause, wo es ihm doch an nichts fehlt, wohl wieder verschwunden ist. Er ist ja ein so sensibler zarter Mensch, dass es schwer ist, zu erkennen, woher seine Trauer kommt, wenn man ihn wie wir nur so selten sieht. Jedenfalls sah er glänzend aus gesund und viel kräftiger als das letzte Mal als ich ihn sah. Jedenfalls ist er bei uns immer willkommen und kann er uns besuchen, wenn er will. Ich hoffe ihn nochmal zu sehen, bevor er nach Paris zurückkehrt, hoffentlich kommt er noch einen Tag her. Wir sind jetzt allein, so dass er jetzt unser einziger Gast wäre.

Nach Chur hoffe ich Anfang nächsten Jahres einmal zu kommen. Ich sollte dort das Kunstmuseum ansehen wegen einer Ausstellung.

Nochmals Dank und besten Gruss

Ihr E L Kirchner

Ohne Titel, Rötel auf Papier, um 1929

Undatiert

Meine Lieben

Ich bin gerade in einer guten Verfassung u. schreibe Euch deshalb von meinem Zimmer aus einen
Ich bin tagtäglich glücklich über solches Wohnen dürfen – Ja und eben der Balkon! (Mon paradis terrestre!)
Vor der Versuchung häufig auszugehen verschonen mich schon die 90 Stufen zu meinem Zimer – aber einmal oben stundenlang zu sinnen.
An Tagen wie heute sehe ich, dass ich etwas zu tun habe u. nicht nur es glaube – u. tue es dann mit ganzer Hingabe. War bei meinem Picasso (NB. Als Maler aus seinem Schatten getreten) er versprach mir, nächstens zu mir zu kommen. Weil er's in Paris «versprach», zweifle ich, bis er dasteht. Nun dann gehe ich einfach wieder zu ihm. Er ist so lieb zu mir.
Cocteau ist noch nicht da mit Desbordes auf den ich warte, wegen seines Buches (auch erscheint nächstens sein 2tes). Ich fahre mit dem Übersetzen erst fort, wenn Klaus Mann mir geantwortet hat u. ich mit Desbordes sprechen kann, d. Arbeit ist so herrlich – ich arbeite viel u. bin wohler als d. letzten Tage – u. an Plänen fehlts mir ja nie – auch Mut habe ich wieder. Es ist oft schwer sich so getrieben zu fühlen, einfach Müssen, statt schreiben od.

lesen oder ruhen. Aber die Augenblicke der Freude über eine geratene Leistung sind so gross u. stark, dass ganz plötzlich alles wieder hell aufleuchtet.

So habe ich heute morgen trübe angefangen u. gezeichnet u. zwar gleich ein ganzes Heft, das ich René Crevel sandte (er schickt mir seine Bücher) u. dann ein Bild gemalt aus Freude über die Zeichnungen, dann essen gegangen u. am Nachmittag 3 franz. Skizzen geschrieben die mich freuen – Ich hoffe, dass Nana sich rasch erholt u. dass meine Papa Mama u. Peter gesund sind wie ich jetzt wieder

Ganz Euer A.

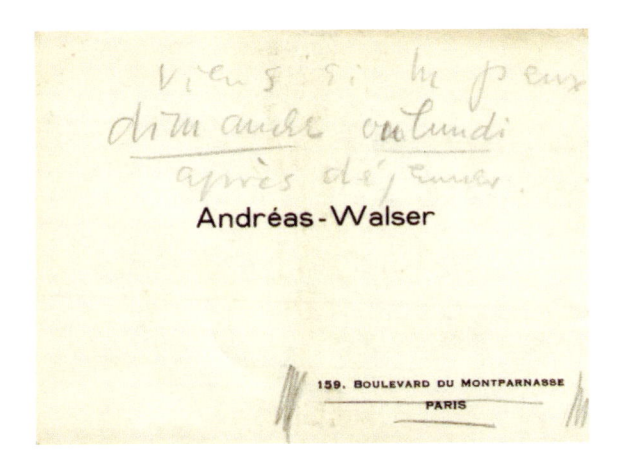

Visitenkarte Andreas Walsers mit handschriftlichem Vermerk
«viens si tu peux dimanche ou lundi après déjeuner», Oktober 1929
(Geschrieben drei Tage nach dem Umzug in das Vénétia Hotel,
Boulevard du Montparnasse 159)

Portrait René Crevel, Öl und Collage auf Leinwand mit bemaltem Rahmen, verschollen, 26.10.1929

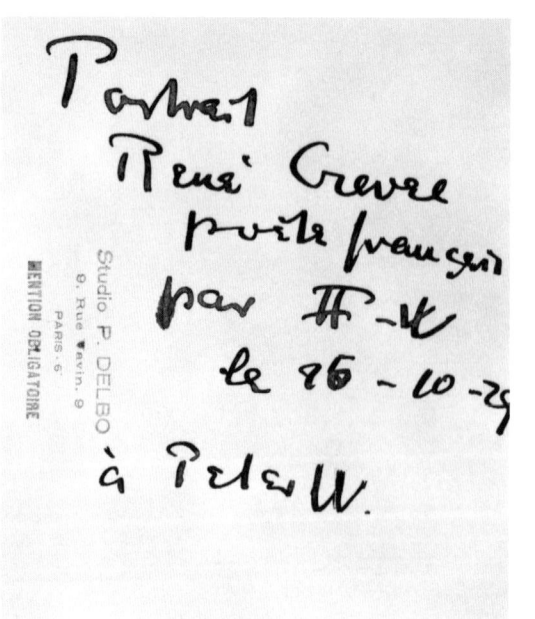

Rückseite mit dem Vermerk «Portrait René Crevel poète français par A-W le 26-10-29, à Peter W.»

Ohne Titel, Paris 1929

(Viele Werke Andreas Walsers sind bis heute verschollen. Erhalten sind hingegen eigenhändige Aufzeichnungen, die über die ersten Besitzer der Werke Auskunft geben.)

5.10.1929

Dienstag-Morgen

An Bärby Hunger

ich lese Deinen Brief es ist jetzt alles vorbei – ich kann morgen aufstehen – ohne die ausserordentliche Hilfe eines Freundes wäre ich diesmal elendiglich zugrunde gegangen – das gebe ich zu. Ich nahm mehrere Gramm Morphium. Noch schmerzen mich d. vielen starken Einspritzungen – aber viel weniger als gestern – ich bin geistig angeregt wie nie u. schreibe aphorismen für mich –
Es ist lächerlich aber wahr: der tötende Schmerz der verschiedenen Gegengifteinspritzungen – nicht mehr Koffein erschrecken mich so sehr, dass ich glaube es zum letzten mal getan zu haben. Aber Du weisst ja, was es bedeutet, sich von Mo. (Anm. Morphium) zu entwöhnen!

Dein A.

VÉNÉTIA-HOTEL
159, BOULEVARD DU MONTPARNASSE
PARIS-VI

CHAMBRES AVEC SALLES DE BAINS
ET CABINETS DE TOILETTE

DERNIER CONFORT
TÉLÉPHONE : DANTON 48-42

R. C. Seine 246.425

PARIS, LE le 5.10.29

Dienstag-Morgen
ich lese Deinen Brief – es ist jetzt alles vorbei – ich kann morgen aufstehen – ohne die ausserordentliche Hilfe eines Freundes wäre ich diesmal elendiglich zu Grunde gegangen – das gebe ich zu. Ich nahm mehrere Gramm Morphium. Noch schmerzen mich d. vielen starken Einspritzungen – aber viel weniger als gestern – ich bin heute

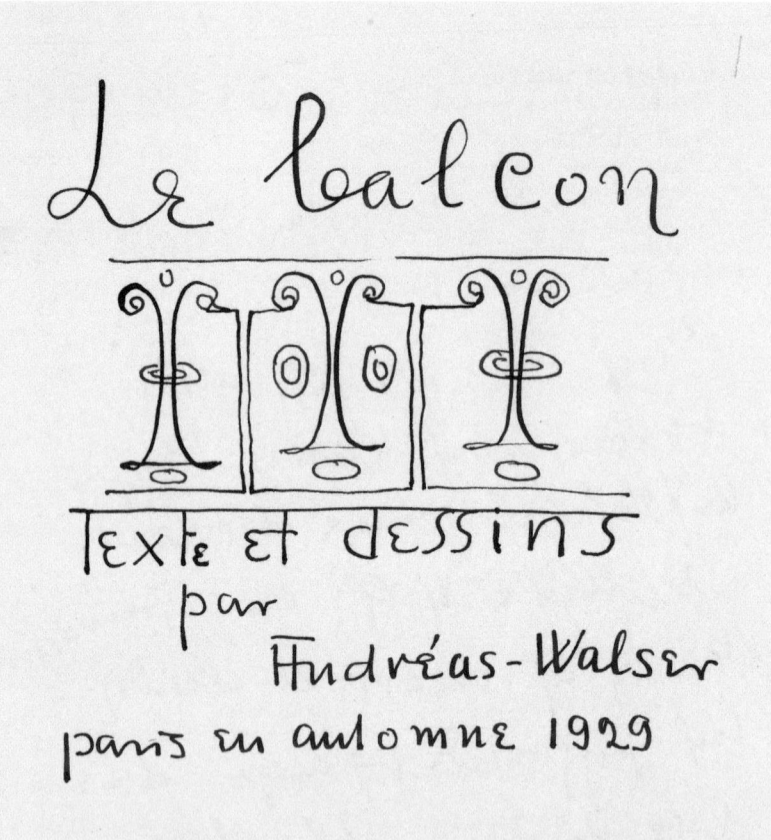

«Le balcon – Texte et dessins par Andréas-Walser, Paris en automne 1929»,
Titelblatt, Widmungsseite, Tuschezeichnungen und Textpassagen

à Peter Walser

ces pages apartiennt à lui
mon cher frère
je les ai écrites et dessinées
en trois pour
seul'automne à paris
1929.
Tu es si simple
si pur
Maintenant tu as 17 ans
plus tard tu y liras
souvent

        ton frère
        ton ami
          F-W

le 22-10-29

Vom Balkon aus beobachte ich
die Leute auf dem Boulevard.
Ich schaue den fahrenden Autos
dort unten nach.
Der Blick auf all diese grossen
Hüte und kleinen Füsse vergnügt mich.
Und noch nie habe ich so viele
schöne junge Männer gesehen –
und für Stunden verliere ich mich
in meinen Gedanken.

20ª

Ich hing durchaus am Leben.

Jetzt wünsche ich mir den Tod –
nur wollte ich euch das nicht sagen.
Ich wünsche den Tod herbei.
Ich gehöre zu denen,
die nicht für das Leben gemacht sind.
Die das Leben nicht verstehen –
oder nur zu gut.
O – es ist so hart, so kalt.
Ein junger Mensch kann nicht mehr.
Ein junger Mensch wird sterben.

Heute morgen – meine Freunde –
bin ich gestorben.
Ich erinnere mich, euch allen
Lebewohl gesagt zu haben – und
auch dieser Welt.
Ich erinnere mich, lange
nachgedacht zu haben,
dann wusste ich, dass es Zeit war
zu gehen.
Ich ging die Treppe zur
Métro hinunter. Ich bin Richtung
Höllentor gefahren
und habe das Ziel nicht verfehlt.

Heute morgen bin ich gestorben.

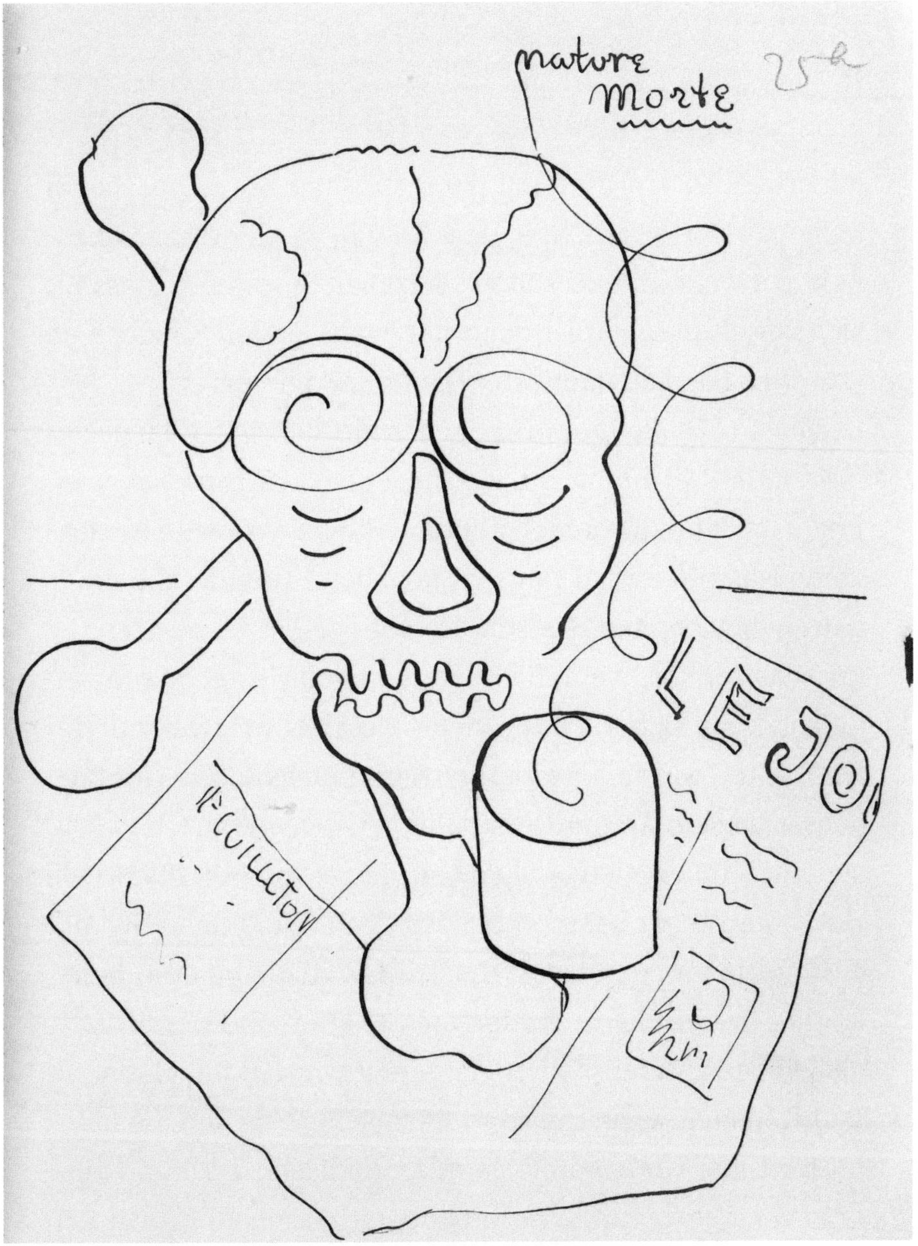
nature Morte
LE JO

19.10.1929

Lieber Herr Walser

ich erhielt Ihren Brief, ich bin in grösster Sorge um Sie, Sie haben doch versprochen, dass Sie nie wieder diese Gifte nehmen wollten, und schon schreiben Sie wieder, dass Sie sich vergiftet haben Ist das wahr? ach denken Sie doch daran, dass Sie sich damit Ihr Talent und alle natürliche Lebenslust und alles zerstören, dass Sie sich selbst langsam hinrichten, warum wozu. wo sonst alles vor Ihnen liegt in unglücklicher zusammenstellung, Sie haben keine Armut, keine Kämpfe mit zu Hause, Sie haben Freunde, die Sie gern haben, wollen Sie sich das alles selbst vernichten? und das kommt, wenn Sie nicht von den Giften lassen. Schauen Sie sich doch die vielen derartig Kranken auf der Strasse an, wie sie interessenlos und bleich ohne Gefühle ausser diesem Traumwahn dahingehen sich täuschen lassen und immer wieder täuschen lassen von den flüchtigen Betäubungen, ach lassen Sie das doch und fangen Sie an, vernünftig und einfach und natürlich zu leben, erst dann kommt die wirkliche Freude am Schaffen und der Stolz auf das eigene auf den Willen, dann erst werden Sie Mann und Künstler, wenn Sie so weitermachen werden Sie ein hysterischer Greis mit 25 Jahren und falsch dazu und eitel. Ist das nicht dummheit, nun haben Sie sich zu Hause

gekräftigt und sind gesund geworden und nun benutzen Sie diese Kraft dazu, sich wieder herunterzubringen und zu vergiften, anstatt flott und ausdauernd zu arbeiten und sich auf natürliche Weise zu erfreuen und zu lieben und zu hassen. Hören Sie doch auf damit solange es noch Zeit ist. Gehen Sie in eine Anstalt und lassen Sie sich das Zeug abgewöhnen, wo Sie selbst nicht die Kraft dazu haben. Es giebt heute neue Methoden, mit denen man das ganz leicht machen kann. In zwei Monaten sind Sie frei davon und haben keinen Drang mehr danach und das Leben wird Ihnen doppelt schön erscheinen und dann nehmen Sie sich einmal eine Frau und versuchen es einmal mit der natürlichen Liebe. Sie kennen sie ja noch garnicht, können also nicht über sie urteilen. Ihre Homosexualität ist bloss Angst vor dem Unbekannten, glauben Sie mir und Ihre Depressionen sind nur aus der Hemmung zu verstehen. Haben Sie Herrn Zehnder in Paris besucht? Gehen Sie nur zu ihm, er freut sich so sehr, in Ihnen einen Freund zu bekommen. Bitte geben Sie mir doch gleich seine Adresse, er hat mir geschrieben und möchte ihm antworten und kann es nicht, da ich seine Adresse verlegt habe.
Gehen Sie doch mal aus Paris weg, das ist kein guter Ort für Sie. Dass Sie jetzt noch nicht ausstellen können und dass man Ihre Bilder nicht verkauft, ist doch nicht anders zu erwarten. Fragen Sie doch einmal Picasso, wie lange er

hat warten müssen, ehe er seine ersten Bilder verkaufte und wie er hat leben müssen, um maler bleiben zu können, ein Jahrzehnt ist das gewöhnliche für jeden Maler ehe er in die Öffentlichkeit kommt und wie lange sind Sie in Paris? Und haben schon allerhand verkauft. Nein Sie haben da wirklich keinen Grund, sich aufzuregen, wenn Sie mal nichts verkaufen können. Seien Sie lieber froh, wenn von den anfangsarbeiten, die noch nicht selbstständig sind, nicht zuviel in fremden Besitz kommen Sie sagen ja selbst, dass Sie noch keine eigene Ausdrucksweise haben, also arbeiten Sie doch lieber ohne zu früh in die öffentlichkeit zu gehen. Sie haben es ja nicht nötig. denn finanziell sorgen doch Ihre Eltern noch für Sie. Das können Sie ruhig annehmen, wenn Sie arbeiten, denn es ist besser Sie entwickeln sich noch ein wenig ehe Sie ans verkaufen gehen. Jedes verkaufte bild arbeitet für oder gegen Sie, je nachdem es gut oder schlecht ist und Ihr späterer Ruf begründet sich darauf. Denken Sie daran, das ist wahr und Sie müssen dazu stehen, während die Bilder die Sie bei sich behalten von Ihnen zerstört werden können, wenn Sie merken, dass sie nicht gut oder nicht eigen sind.
Hüten Sie sich davor in Katerstimmungen Ihre Arbeit zu tief einzuschätzen hüten Sie sich aber auch besonders vor Grössenwahn in Stunden des Rausches, das ist eben die grösste Gefahr der Drogen, dass der Patient den natürlichen Masstab verliert.

Ach mein lieber wollen Sie mich nicht von meinem Ehrenwort des Schweigens entbinden und mir auftragen dass ich mit Ihren Eltern oder Ihrer Freundin spreche und berate, wie man Ihnen die natürliche Gesundheit wiedergeben kann, jetzt ist es noch leicht. aber es muss etwas geschehen, sonst fährt Ihr lebensschifflein falsch und Sie scheitern physisch und seelisch. Wegen des Geldes brauchen Sie sich keinen Kummer zu machen, ich sandte es Ihnen ja so, wenn Sie mal viel haben, so senden Sie mir die einfache Ausgabe des Kleebandes aus dem Verlag der Cahiers d'art dann ist das erledigt. Das Buch kommt eben heraus.
Die surrealisten-Ausstellung in Zürich hat scheint es grosse Schimpfereien ausgelöst sie ist nicht gross und meistens sind die Werke bekannt

Alles Gute Ihnen und besten Gruss

Ihr E L Kirchner

Abstraction, Öl auf Leinwand, 1929

24.10.1929

Du liebes Bärby

ich bin traurig u. ureinsam – u. ich frage mich immer +
immer wieder wie wird das enden u. wann – so trage ich
es nicht lange ich gehe irgendwie nach unten.
ich bin zu schwach für mich selbst –
Ich möchte einfach verschwinden. Noch ein paar
grosse Bilder malen – mein letztes ist mir selbst eine
Überraschung – noch dies u. jenes schreiben – aber nicht
wieder heimkommen.
In meinen Bildern versuchte ich ja nur zu sagen was ich
in mir habe – ich werde es doch nie ganz tun können
dazu bin ich klar genug jetzt dass dies nie mir möglich
wird – ich will gehen u. dann bleibt etwas ein Stück Arbeit
eines Menschen d. nicht zu leben wusste u. der an seiner
Überlastung zugrunde gegangen wäre – schwächlich
– – ginge er nicht noch zu ihm als klaren, letzter
erscheinenden besten Zeit
Ob ich hier noch weiter vegetiere oder nicht Ich küsse
Dich so ganz – aber so von weit weg u. fern und kalt. Dir –
liebes Bärby die Du weg gabst.

Dein Andréas

Bärby Hunger, undatiert

Chur, 31.10.1929

Sehr geehrter Herr Kirchner,

erlauben Sie mir, der Bitte A. W., Ihnen zu schreiben entgegenzukommen. Er hat mich gebeten Sie wissen zu lassen, dass es ihm leider gar nicht gut geht. Das Gift hält ihn gefangen u. mir ist es schrecklich so machtlos sehen zu müssen, wie wenig Aussicht auf Besserung ist. Mir ist es so arg, die guten Eltern von A. hinhalten zu müssen, nie merken zu lassen, wie es

eigentlich um ihn steht. A. bittet mich auch Ihnen zu sagen Sie sollten ja nichts seinen Eltern schreiben von seinem Zustande. Momentan ist es für mich die einzige Beruhigung Ihnen – verehrter H.K. – überhaupt schreiben zu dürfen. Verzeihen Sie bitte mein so wenig offizielles Benehmen – ich erlaube es mir nur im Gedenken an A.W. – welcher mir so oft von Ihnen u. von der grossen Freundschaft – die Sie ihm entgegenbrachten – sprach. Mit Frau D.W. (Anm. Frau Dekan Walser) bin ich sehr nah befreundet. A. ist für mich wie ein jüngerer Bruder u. nun verstehen Sie sicher wie schwer es mir fällt A. schlimme Zustände immer stillschweigend mit ansehen zu müssen. Wenn es ihm einmal ernstlich schlimm gehen sollte – wüsste ich ja nicht wie ich mich seinen Eltern gegenüber stellen sollte. Für mich ist die ganze Lage v. A. äusserst hoffnungslos – soll ich wahrhaftig weiter schweigen? Herr K. – Sie haben sicher die Güte A. zu schreiben u. wenn Sie Zeit finden könnten mir einen Ratschlag zu geben – wäre ich Ihnen von Herzen dankbar.
Wenigstens lebt er jetzt in einem anständigen Hotel wo er recht verpflegt ist.
Meine Freiheit Ihnen diese Zeilen zukommen zu lassen – mögen Sie gütigst entschuldigen.

Mit vorzüglicher Hochachtung Ihre Ihnen ergebene

Bärby Hunger

Frauenkirch, 1.11.1929

Sehr geehrtes Fräulein Hunger,

vielen Dank für Ihren Brief. Ich bin froh, dass Sie mir geschrieben haben, denn auch auf mir liegt die Sorge um den armen Jungen schwer. Ich kenne ja nur ihn von seinen Besuchen hier bei uns und seine Eltern garnicht. Ich weiss deshalb nicht, ob man damit etwas erreicht, wenn man seinen Eltern mitteilt, was mit ihm ist. Womöglich sagen sie sich von ihm los oder tun sonst etwas schreckliches, was ihn noch mehr ins Unglück stösst. Mich hält mein Ehrenwort, so dass ich nichts sagen kann. Eines nur ist sicher, es muss etwas für ihn getan werden, denn sonst geht er an den Giften kaputt. Der einzige Weg, der Erfolg verspricht ist nach der Meinung von Ärzten der, dass er sich einer ganz planmässigen Entziehungskur unterwirft in einer Anstalt. Er kann es nicht allein los werden. Das ist nicht möglich ohne ärztliche Hilfe. Ach wie ist er nur auf diese verd. Gifte gekommen? Dies Paris ist doch eine grosse Gefahr für die jungen Menschen.
Eine Kur würde 4 bis 6 Wochen dauern glaube ich. Vielleicht wäre es möglich sie durchzuführen, ohne dass die Eltern etwas erfahren.
Ich dachte nun, vielleicht kennen Sie den Hausarzt der Familie Walser und können mit ihm über A. sprechen und beraten, was am besten zu tun ist.

Bei seinem Besuche diesen Sommer sah er doch so gesund
aus, dass ich glaubte, er habe nun alles überwunden. Ich riet
ihm, nach Deutschland ans Bauhaus zu gehen, damit er aus
Paris herauskam. Aber er ging dann wieder hin. Leider.
Und nun scheint er trotz aller guten Vorsätze doch wieder
den Giften verfallen zu sein.
Er tut mir so leid, der arme Junge. Er zerstört sich doch so
sein ganzes Leben. Vorigen Winter fiel mir schon sein
verändertes Wesen und besonders seine äussere Erscheinung
auf. Aber ich hätte doch nie angenommen, dass er, ein so
junger, gesunder Mensch Gifte nähme.
Das scheint jetzt direkt eine Seuche in Paris zu sein.
Ich werde ihm vorläufig nicht schreiben, dass Sie an mich
geschrieben haben, damit er sich nicht beunruhigt und
warte erst ab was Sie mit dem Arzt ausfindig machen. Vielleicht
wäre es möglich, dass dieser selbst nach Paris fährt? Ich
weiss zu wenig von Walser, kenne auch seine Pariser Freunde
nicht, von denen er schreibt, dass sie über ihm wachen.
Wahrscheinlich haben diese ihn doch erst verführt?
Da ist es schwer, etwas Richtiges zu raten.
Ich sende Ihnen hier seinen letzten Brief mit der Bitte
um Rückgabe.

Mit herzlichen Grüssen

Ihr E L Kirchner

Ohne Titel, Feder in Tusche und Papier, 1929

24.11.1929

Du liebes Bärby

nun wird alles so einfach – in ca 3 Wochen denke ich hier «wegzuziehen» nach Chur – was ich noch nicht nach hause verkündet habe – erst aber ruhe ich mich hier noch aus – damit ich «sehenswürdig» in Graubündens Kapitale einkehre – denn jetzt gleiche ich einer gotischen Fratze. Von Schönheit ist längst keine Rede mehr. «Es» hat sich alles unvertuschbar eingezeichnet – ich habe – wenn ich denke: seit Anfang Oktober bis also Anfang Dez. 2 Monate eine ganz verrückte Arbeit geleistet u. da es mir niemand rühmt, tu ich es eben mir selbst.
Und nun: d. Hauptsache, nur Dir u. Walter: nächsten Dienstag habe ich mit einem Spez. arzt R.-V. (=Rendezvous) zur genauen Innenuntersuchung, bes. Lunge, da ich oft starke Schmerzen habe u. Atemschwierigkeiten – Es ist sicher nichts – u. ich will diese ärztliche Untersuchung für Euch.
ach – es ist so seltsam – all mein Sein jetzt. u. wo allewelt schläft – alles was jung ist – liege ich am Boden u. male od. schreibe auf dem Bette liegend Briefe, und Seite für Seite – ganze Bücher und schlafe nie vor 6 h morgens ein – dann nie natürlich. Und da ich mich jetzt mit allem Ernst ohne Morphium halte ist's eben hart

Ich habe das Mass verloren oder gar alles – bin masslos im letzten geworden u – bis ins Leiden masslos. Immer wieder möchte ich einfach fort – ganz fort. Es wäre so ruhig dann u. schön – denn meine Bilder bleiben, die werden später von mir sprechen, dann wird man sehen, dass ich gelitten u. überglücklich gearbeitet habe. Und ich steige immer noch, obwohl ich so oft zweifle an allem Fortschreiten. Aber nur in Paris in diesem mich auffressenden Gewühl u. zugleich dieser himmlischen Schönheit d. Stadt u. nur so ganz masslos unten u. oben, nur so kann ich Künstler sein. ach ich wusste es ja schon Jahre vordem.

----- heute sah ich Suzanne Valladon (Utrillos Mutter) d. berühmte Malerin kommt nächste Woche zu mir. Mon. od. Die. gehe auf R.V. zu Colette.

Dein schlafloser A.

Raucher, Öl auf Karton, verschollen, undatiert

Marseille
Korsika

Januar / Februar 1930

Marseille, 24.1.1930

Meine Lieben –

Blauer Himmel – tiefblau-grünes Meer – heisse Sonne.
Marseille ist von einer unvergleichlichen Schönheit.
Gestern fuhren wir draussen auf dem Meere – das mir ein
Wunder ist und langer Traum schon.
Dieses Licht hier, diese Luft und Sonne! Wie lange wir
hierbleiben wissen wir noch nicht –
Ich bin glücklich und alles ist mir neu – Euch alle – auch
Nana grüsse ich herzlich

Euer Andréas

Guy de la Pierre und Andreas Walser in Marseille, 23.1.1930

MIREILLE

23.1.1930

Amitiés les plus vives de
Guy de la Pierre
et de Andréas

beau temps –
meilleure santé
tout va bien
on continuera
le voyage.

Postkarte

28.1.1930

Liebes Bärby

ich danke Dir für Deinen lieben Brief und bin froh u.
glücklich dass alles vorüber und mein lieber Freund
vollkommen geheilt ist.
Hier ist es wundervoll am Meere –
unendlich schön und gross.
Ich grüsse Dich und danke Dir –

ganz Dein A.

2.2.1930

Gutes liebes Bärby

In einem gewissen Sinne fiel es mir ja schwer Paris zu
verlassen für 3–4 Wochen – aber jetzt nicht mehr und
nun habe ich das Meer vor mir und überall und begreife
nicht mehr – Es ist seltsam – ich arbeite gar nichts –
aber es wird eingehen in mich und dann sicher zum
Ausdruck kommen. Das unfassbar grosse das viel zu
gewaltig auf mich wirkende Meer!

Ich bin Dir so nahe ganz Dein A.

Ohne Titel, Tusche auf Papier, um 1929

2.2.1930

An Bärby Hunger

Sonntag Morgen.

wir fahren nach Toulon und von dort zurück nach M. Morgen um 14 h Abfahrt nach Corsica – Ankunft morgens 2 od 3 h in Ajaccio. von dort schreibe ich Dir wieder –

Baigneurs, Feder und Pinsel in Tinte auf Papier, 1930

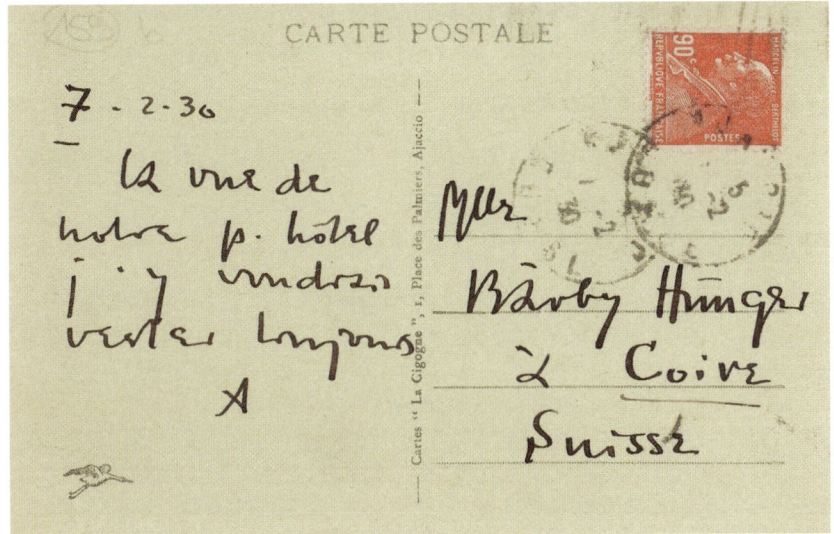

7.2.1930

La vue de notre p. hôtel
j'y voudrais rester toujours

Ajaccio

Die Bewohner Korsikas lieben dunkle Farben. Sie kleiden sich fast durchwegs in Schwarz. Sie sind ruhig und einfach, gut und voll Vertrauen. Man begegnet in den Strassen wunderschönen Gesichtern, besonders bei den Jungen. Ihre Züge sind rein, ihr Haar schwarz und die dunkeln Augen haben den tiefen, weiten Blick der Menschen, die am Meere leben. Matrosen beladen ein Schiff unten im Golf und singen.

Andréas-Walser, Mitte Februar 1930

Ohne Titel, Tusche auf Papier, 1929

Ohne Titel, Aquarell und Tusche auf Papier, 1929

Ajaccio, 9.2.1930

Meine Lieben –

Wir leben draussen in den Olivenwäldern zwischen reifenden Orangen u.blühenden Obstbäumen oder am Meer wo wir baden in der warmen Sonne… es ist unsagbar schön alles hier und seltsam beruhigend. Ich bin nicht imstande zu beschreiben – davon erzähle ich dann im Frühling. Aber all das hier am Meere ist es ja eben, was so lange ich erträumte. Unser Hôtel schaut auf das Meer das ewig wechselt in seinen Beleuchtungen – ich zeichne oft von hier aus oder draussen im Freien.
Wir kehren wohl Ende d. Woche nach P. zurück und dort werd ich mich ans Malen machen ich habe viele Entwürfe für Bilder – Gestalten Badender am Meer.
Wir alle 3 sind in einem glänzenden Gesundheitszustand und gebräunt von Meeresluft – ich grüsse Euch herzlich

Euer Andréas

Blaues Stillleben, Öl auf Karton, 1928

22.2.1930

Liebes Bärby

noch nicht alles leicht und wird es nie werden, ich habe nun einmal den Teufel in mir und der will so oder so von Zeit zu Zeit heraus.

Wir sind nun bald einen Monat von Paris weg und die Sehnsucht nach Leinwänden und Farben schreit in mir. Aber ich bin doch immer noch recht müde oft und gar nicht der, der ich sein muss, um grosse Arbeit zu tun. Wenn ich so zurückdenke an den vergangenen Herbst, den ich ureinsam am Boulv. Montparnasse zubrachte, geht mir manches traurig seltsam durch den Kopf: wie ich dort allein all die Nächte durch gemalt und gelesen und geschrieben habe und so wenig schlafen konnte. Und doch habe ich damals meine bisher weitaus besten Bilder gemalt. Seltsam, aber da ich all meine Sehnsucht dareinlegte und mein ganzes Alleinsein, sind sie gut und so ganz von mir. Wenn eine Sehnsucht, die lange Jahre alt ist in Erfüllung geht ist das innere Feuer in Gefahr. Dort stehe ich heute …

Alles in allem ist mir ich sei so wie Du sagst der von früher und dann auch ein wenig ein neuer überhaupt jetzt durch das Meer. Und es bleibt ja auch mir nicht verborgen, was ich gewonnen durch ein giftloses Leben. So weit nun wäre ich also doch endlich.

Ich grüsse Dich herzlich und bleibe Dein

Andréas

Paris, 25.2.1930

la nuit –

Mein lieber Peter –

Nimm diesen kleinen Gruss zu Deinem Geburtstag. Ich würde so gerne Dir etwas senden, das Dir auch was nützt – aber ich habe eben nichts dergleichen – nur Bilder. Die paar Zeichnungen geben Dir einen Eindruck wie meine allerletzten Bilder aussehen – dh – die nach Ajaccio. Seit wir zurück sind habe ich 3 Leinwände badender Gestalten am Meere gemalt (Format 160–130) u. bin natürlich schon wieder müde.
Morgen gehe ich zu Picasso, u. stolpere dann noch in den Galerien umher – was sog. «Neues» zu sehen. Die Muscheln so klein sie sind sind schön in Farbe u. Form, farbig vor allem, wenn Du sie in Wasser legst. Ich fischte sie aus dem Golf von Ajaccio, sie Dir zu senden. Nun also werde ich's mit den Photogramms versuchen bei einer Zeitschrift.

Lebe wohl – ich denke viel viel an Dich – herzlich Dein A.

Peter Walser fotografiert von seinem Bruder Andreas

Baigneurs, Öl auf Leinwand, Paris, 24.2.1930

Paris, 28.2.1930

Liebes Bärby –

Nun – seit Sonntag Mitternacht sind wir wieder in paris u ich habe schon 3 grosse Leinwände – bilder vom Meer. das alles ist neu u. ich sehe den Fortschritt – die Reise hat gut getan – aber irgend sonstwo marschierts nicht – dort wo gar niemand mir helfen kann – ich trinke und vergesse – warum auch nicht – irgend etwas muss ich dagegen tun – u. lebe ein seltsam einfaches Leben – spreche niemand und gehe zu niemand – bin immer mit Gui und arbeite jede Nacht an Bildern u. bin stolz u. froh so ohne all das Zeug zu leben, das mich früher umgab. Ich glaube immer mehr an den inneren Wert einiger Menschen und pflege diese Werte. Niemand als Gui sieht meine Bilder – ich verlange kein verstanden werden – ich weiss – es kommt – . wann: ist mir gleich. Mein ganzes Denken ist einfach geworden – –ich begreife selbst oft nicht. Einmal werde ich vielleicht irgendwie genug haben – und dann sieht man – dass ich doch etwas zu tun hatte.

Dein

Andréas

Ohne Datum, vermutlich 3.3.1930

Lieber Herr Walser,

Ich erhielt auch Ihren letzten klagenden Brief. Ich weiss nicht, weshalb Sie mich beschwindeln, dass Sie nichts mehr nähmen, wo ich doch von anderer Seite das Gegenteil wusste, dass Sie immer krank sind durch Gifte. Mir kann es ja persönlich gleich sein, ob Sie sich selbst vernichten oder nicht, ich bin ja weder Ihr Vater noch sonst Ihr Praeceptor. Ich habe nur als Freund Ihnen gegenüber meine Pflicht getan und Sie vor den grossen Gefahren gewarnt, mit denen Sie sich völlig ruinieren als Mensch und als Künstler. Mehr kann ich nicht tun. Da ich kein Moralfex bin, sehe ich diese Sache auch nicht moralisch, sondern rein praktisch an. Sie wissen nun Bescheid und wissen, dass körperlicher und geistiger Ruin drohen, hören Sie also auf damit. Ich werde nun nichts mehr darüber schreiben.
Ich freue mich für Sie, dass Sie so nette Freunde haben, die Sie nach Corsika mitnahmen. Das ist eine schöne, milde Insel. Ich kenne Sie aus dem Kino. Haben Sie da auch gemalt od. gezeichnet? Ach es muss schön sein im Mittelmeer. Zehnder, der hier ist, erzählte mir einiges von Ihren Arbeiten. Noch immer Picasso? Zehnder hat ein grosses nettes Bild aus der Metro gemalt. Wann werden Sie wohl einmal echte Walser machen? Sie wissen ja, dass Ihr Weg mich interessiert.

Kennen Sie übrigens den jungen Giacometti in Paris, der
macht interessante Plastik, von den primitiven Griechen
ausgehend. Ein Kopf von ihm (Anm. siehe Zeichnung im Brief)

homme, qui regarde
hat doch ein eigenes Erlebnis zur Grundlage
Das ist die neue Art. Brancusi wies den Bildhauern den Weg.
Schon lange.
Ich sah Arps hier, er war bei uns und erzählte viel von Paris.
Ich muss doch mal hin.

Alles Gute Ihnen und

herzlichst gute Besserung

Ihr E L K

Andreas Walsers letztes Atelier, rue Armand Moisant, Paris 15e, 1930

14.3.1930

Mein lieber Peter

vorgestern malte ich ein neues Bild – das mir neue Wege
zeigt – der Ausdruck zweier paar Augen, die sich zum ersten
Male treffen – (Grösse unseres Küchentisches) und so –
je für je Erlebnisse unmittelbar übertragend – fliehe ich der
Gefahr eintönig zu werden – mich zu wiederholen.
In einem Monat ja bin ich für kurz wieder bei Dir und mit
Dir – und freue mich darauf – getrennt von Dir zu leben tut
uns weh – Dir und mir – und doch kommen wir uns näher
dadurch – und werden uns teurer – u. all das ist so selten,
fast unglaublich zwischen Brüdern! –
Lebe wohl – Lieber – unsere Gedanken sind irgendwo
beisammen – grüsse Papa – Mama und Nana von mir

Dein A –

freitag – abend 17h.

Andreas Walser stirbt am 19. März 1930

Im Atelier rue Bardinet
Foto: Emmanuel Boudot-Lamotte

Andreas Walser 1928/29
Foto: Ernst Ludwig Kirchner

Davos, 9.4.1930

Sehr geehrte Frau Walser,

Ich kann es immer noch nicht fassen, dass dieser junge liebe Mensch nun nicht mehr sein soll und fühle Ihnen Ihren grossen Schmerz nach. Ich schrieb Ihnen nicht, weil ich nur durch Frl. Hunger die Nachricht erhielt und Ihren Schmerz nicht aufwühlen wollte.
Ich kannte Ihren Sohn ja nur flüchtig durch seine Besuche bei uns, aber er war mir der liebste der Jungen Künstler aus Paris die bei uns verkehren und ich habe ihn immer wie einen Sohn gewarnt, wenn ich Gefahren für ihn sah. In vielem aber worüber er sich nicht aussprach tappte ich im Dunklen, denn er liebte es auch sich mit gewissem Geheimnis zu umhüllen und ihn ausfragen wollte und konnte ich nicht, denn dazu stand er mir doch zu fern. So ist mir sein früher Tod ein Rätsel.
Das freundliche Vertrauen mit dem er bei seinem ersten Besuche hier ankam, hat mich tief gerührt und ich habe ihm nach bestem Wissen und Gewissen geraten wo er Rat erfragte, habe mit ihm seine Arbeiten angeschaut und ihm gesagt, was ich dachte. Dass er oft meinem Rat nicht folgte, habe ich ihm nicht übel genommen, das tun ja alle Jungen. nun ist er fort und man begreift es nicht. Er ist der dritte junge Künstler, der so früh sterben musste, den ich kannte. Nehmen Sie und Ihr Herr Gemahl von mir und meiner Frau unser ehrlich gefühltes Beileid.

Mit herzlichem Händedruck

Ihr E L Kirchner

21.4.1930

Liebe Erna,

Frau Walser hat geschrieben. Es sind seltsame feine Menschen. Die Tragik mit dem Sohne tragen sie so einfach und natürlich. Es ist wirklich tragisch mit den Schweizer jungen Leuten, die wir kennen. Die einen sind so unentwickelt, dass man nicht glaubt, dass sie weiterkommen, und der, der so offen auf alles Neue reagierte, musste nun so zu Grunde gehen. Ach, ich bin so traurig, dass ich gar nicht weiss, was schreiben an die Mutter. Er war ein guter Mensch, sicher, zuviel Ehrgeiz vielleicht und zu schwach im Körper. Der Kampf heute im Leben und in der Kunst ist ungeheuer schwer, da geht so mancher drauf. Das ist wie im Kriege.

Herzlichen Gruss Dir von Deinem

Ernst

Ernst Ludwig Kirchner vor dem Wildbodenhaus, nach 1935, Selbstporträt

ANHANG

ANMERKUNG

Bei den Briefen Andreas Walsers und Ernst Ludwig Kirchners wurde im Interesse der Authentizität auf orthografische Berichtigungen und grammatikalische Glättungen verzichtet.

ÜBERSETZUNGEN

Lesezeichen, Seite 7

Oh Erde / Licht / Leben / Wer liebte euch wie ich / Oh Menschen / Oh Leben, Leben / Leben / warum so kalt / so hart / lebendig / bin ich tot / ein junger / Mann / voller Zärtlichkeit / wird sterben Oh Leben / warum

Jean Cocteau an Andreas Walser, Januar 1929 (Seite 142)

Clinique de St. Cloud S et O (Anm. Département Seine-et-Oise)
Januar

Lieber Freund

Ich bin immer noch ziemlich krank und ausser Desbordes sehe ich nach wie vor niemanden, doch versichere ich Ihnen, dass mir Briefe wie der Ihre (liebe Grüsse, die der Himmel schickt) mir mehr helfen als alle Medizin.
Stärker als die Schönheit ist nur die Liebe. Lieben Sie und haben Sie keine Angst, Ihr Herz zu verschwenden.

Desbordes und ich danken Ihnen
Jean Cocteau

Jean Cocteau an Andreas Walser, 16.1.1929 (Seite 147)

Leichte Schmerzen

Wie mich Ihr Brief doch bewegt hat. Mein Werk hat also etwas erreicht, denn es wirkt wie ein Zeichen der Liebe. Ich umarme Sie.

Jean 1929

Besuchen Sie mich mit Ihrem Freund in ein oder zwei Wochen. Geben Sie mir doch in zwölf Tagen Nachricht.

Jean Cocteau an Andreas Walser, undatierter Brief, 1929 (Seite 148)

Jean Cocteau an Andreas Walser, undatiert
Zwischen Mitternacht und 1 Uhr früh zu lesen

Lieber Sohn

Denkst Du, dass ich an meiner Rolle als alter Sioux-Häuptling keinen Gefallen finde, und dass ich mein Zimmer für «Besuche» nicht lieber mit einem Zimmer der «Zärtlichkeiten» tauschen möchte? Dein letzter Brief hat mich sehr bewegt.

Jean 1929
Ich umarme Dich.

AUSTELLUNGEN

1994   Bündner Kunstmuseum Chur
1995   Kunstmuseum Winterthur
1996   Centre Culturel Suisse Paris *(Andréas Walser, Coire 1908–1930 Paris)*
2005   Kirchner Museum Davos *(Liebe, Traum und Tod)*
2006   Bündner Kunstmuseum Chur *(Andreas Walser – Gaudenz Signorell)*
2007   Galerie Widmer, Zürich
2015   Katz Contemporary Zürich *(Irrlichter,* Gruppenausstellung)
2017   Bündner Kunstmuseum Chur (Andreas Walser. *Und jetzt – gehe ich)*

BÜCHER / KATALOGE

1994   *Andreas Walser (Chur 1908–1930 Paris):* Bilder, Briefe, Texte. Marco Obrist (Hg.), Stroemfeld Verlag, Basel / Frankfurt am Main, 1994

1996   *Andréas Walser (Coire 1908–1930 Paris) –* Tableaux / Lettres / Textes. Marco Obrist (Hg.). Mit einem Nachwort von Jean-Christophe Ammann. Ausstellungskatalog. Éditions Albert Skira, Genève. 1996.

2001   *Meine Bilder bleiben, die werden später von mir sprechen.* Andreas Walser 1908–1930. Marco Obrist (Hg.) in Zusammenarbeit mit Diethelm Kaiser. Mit Beiträgen von Jean-Christophe Ammann, Jacqueline Burckhardt, Diethelm Kaiser, Walter Lietha, Beatrice von Matt, Marco Obrist, Daniel Schmid, Wilfried Wiegand, Emmanuel Wiemer. Nicolai Verlag, Berlin, 2001.

2001   Schweizer Monatshefte, 81. Jahr / Heft Oktober 10 / 2001, Dossier Andreas Walser.

2006 Ausstellungskatalog von Marco Obrist / Beat Stutzer (Hg.): *Andreas Walser / Gaudenz Signorell: Ein Dialog.* Benteli Verlag, Bern, 2006.

Andreas Walser – Liebe, Traum und Tod, Roland Scotti (Hg.). Steidl Verlag, Göttingen, 2006.

2007 Essay *Atelier Angst* von Stefan Zweifel, Neue Zürcher Zeitung, 17. 3. 2007.

Heinz Bütler / Wolfgang Frei (Hg.): *Die Nacht ist heller als der Tag – Das kurze Leben des Malers Andreas Walser.* Mit Beiträgen von Heinz Bütler, Roland Scotti, Emmanuel Wiemer, Stefan Zweifel. Benteli Verlag, Bern, 2007.

FILM / THEATER / HÖRSPIEL

2004 Hörspiel *Ich küsse dich so ganz – aber von so weit weg und fern und kalt.* Der Schweizer Maler Andreas Walser in Briefen. Deutschland Radio, Berlin 2004. Regie: Barbara Liebster.

2007 Dokumentarfilm *Die Nacht ist heller als der Tag – Das kurze Leben des Malers Andreas Walser.* Regie: Heinz Bütler. Mit Rudolf Koella, Daniel Schmid, Peter Walser, Emmanuel Wiemer, Anna-Barbara Wiesmann, Stefan Zweifel.

2013 Szenische Lesung *Métro zum Höllentor – Andreas Walser und Ernst Ludwig Kirchner.* Mit Graziella Rossi und Helmut Vogel. Konzept und Regie: Heinz Bütler. sogar Theater Zürich.

REGISTER

Académie Colarossi
Private Kunstakademie in der rue de la Grande-Chaumière 10 im 6. Arrondissement. Sie stellte eine Alternative zur staatlichen Kunstschule École des Beaux-Arts dar, die nach Ansicht junger Künstler zu konservativ war.

Boudot-Lamotte, Emmanuel (1908–1981)
Fotograf. Begegnete Andreas Walser schon bald nach seiner Ankunft in Paris im Herbst 1928. Anfang der 1980er Jahre tauchten in seinem Nachlass grössere Werkteile aus der Pariser Schaffenszeit Walsers auf, die er im Andenken an seinen Jugendfreund gesammelt und aufbewahrt hatte.

Cocteau, Jean (1889–1963)
Französischer Schriftsteller, Regisseur und Maler. Vom 1929 erschienen Roman *Les Enfants Terribles* ist ein Andreas Walser zugedachtes Exemplar aus dem Nachlass Emmanuel Boudot-Lamotte mit der Widmung überliefert: «Mon très cher enfant – ne me grondez pas – je viens encore d'être malade, inapte/inepte etc... Je ne change jamais de coeur Jean. («Mein lieber Kleiner – sei mir nicht böse – ich bin wieder einmal krank, unfähig/unverständig etc. Mein Herz wandelt sich nie.»)

Colette (1873–1954)
Französische Schriftstellerin. Walsers Porträt von Colette ist nur fotografisch überliefert. Auf dem Unterlagskarton der Aufnahme steht der Hinweis «Portrait Colette app. à Colette».

Crevel, René (1900–1935)
Französischer Schriftsteller des Surrealismus. Zerwürfnis mit den Surrealisten. Selbstmord mit 35 Jahren. Andreas Walser befasste sich mit der Übersetzung von Crevels Roman *Êtes-vous fous?*, bricht die Arbeit ab und berichtete im Februar 1930 den Eltern aus Korsika, die Übertragung überfordere ihn und sei letztlich unmöglich.

Davoser Tagebuch (1919–1928)
Das aus Schulheften von Ernst Ludwig Kirchner selber zu einem Tagebuch zusammengefügte und mit Skizzen oder Zeichnungen versehene *Davoser Tagebuch* vermittelt das Denken des Künstlers in spontanen Aufzeichnungen von Alltäglichkeiten aus dem Davoser Umfeld, von Begegnungen mit Kunstvermittlern und Künstlern und Reflexionen über das zeitgenössische Kunstgeschehen.

De la Pierre Guy (1907–1979), auch **Guy Charles Léon Bernard, Guy Bernard-Delapierre, Guy Bernard**
Studium der Ägyptologie. Musikkritiker für Frankreich beim *Berliner Börsen-Courier* (1868–1933) und der Musikzeitschrift *Melos* (1920, gegründet vom Dirigenten Hermann Scherchen). Nach 1945 Komponist für Radio und Film, u. a. 1953 Filmmusik zu *Guernica* von Alain Resnais und Robert Hessens.

Desbordes, Jean (1906–1944)
Französischer Dichter und Freund Jean Cocteaus, der ihm seine Aufzeichnungen *Opium. Journal d'une désintoxication* aus der Entziehungskur in Saint-Cloud im Jahre 1929 widmete. Zu Besuch bei Klaus Mann, entdeckte Andreas Walser *J'adore*, das erste Buch von Desbordes, das er ins Deutsche übertragen wollte.

Giacometti, Augusto (1877 1947)
Maler. Pionier der abstrakten Malerei in der Schweiz. Vetter zweiten Grades von Giovanni Giacometti, dem Vater von Alberto Giacometti. Walser besucht Giacometti 1927 erstmals in dessen Zürcher Atelier und publiziert 1927/28 mehrere Artikel über A.G. in Schweizer Tageszeitungen.

Giacometti, Bruno (1907–2012)
Schweizer Architekt. Jüngster Sohn von Giovanni und Annetta Giacometti, Bruder von Alberto und Diego Giacometti. Aquarellierte mit Andreas Walser um 1925 an schulfreien Nachmittagen. «Denken Sie, um diesen Menschen habe ich mich mehr denn ein Jahr lang in Schmerzen u. Qualen gepeinigt. Auf ihn konzentrierte sich alle meine so früh aufgebrochene Leidenschaft.» (Andreas Walser an Bärby Hunger, 2.2.1928)

Giacometti, Giovanni (1868–1933)
Schweizer Maler und Grafiker. 1904 Heirat mit Annetta Stampa. Das Paar hatte vier Kinder: Alberto, Diego, Ottilia und Bruno Giacometti. 1925 schreibt G.G. an den «Herrn Kantonsschüler A. Walser: Ihrem Wunsche entsprechend, gebe ich Ihnen hiermit die Erlaubnis, mein Bild ‹Sonnenflecken› für Studienzwecke kopieren zu dürfen, sowie die anderen von mir in der Villa Planta sich befindenden Bilder.» Walser kopierte Giacomettis Gemälde *Der kleine Violinspieler*, ein Porträt des jungen Bruno Giacometti.

Hiltbrunner, Hermann (1893–1962)
Schweizer Erzähler (u.a. *Nordland* und *Nordlicht. Ein schweizerischer Robinson auf Spitzbergen*) und Lyriker (u.a. *Heiliger Rausch, Und das Licht gewinnt, Schattenwürfe*). Übersetzer von Werken Knut Hamsuns. Andreas Walser lernte H.H. auf eigene Initiative schon als Schüler kennen.

Hugnet Georges (1906–1974)
Französischer Dichter, Schriftsteller, Dramatiker, Illustrator und Filmemacher.

Hunger, Barbara (1901–1986)
Sopranistin, lebt zur Zeit ihrer Begegnung mit Andreas Walser in Chur, Urmein und Basel. Die Korrespondenz mit «Bärby», die ihn auch einmal in Paris besuchte, dauerte vom Sommer 1927 bis zu Walsers Tod im März 1930. Dank der Umsicht Bärby Hungers und ihrer beiden Töchter haben sich etwa zweihundert der teilweise viele Seiten langen handgeschriebenen Briefe Walsers an Bärby Hunger erhalten.

Kirchner, Ernst Ludwig (1880–1938)
Nach einem Architekturstudium in Dresden gründete er mit seinen Freunden Fritz Bleyl, Erich Heckel und Karl Schmidt-Rottluff die Künstlergruppe «Brücke». 1911 zog Kirchner nach Berlin um. In den folgenden Jahren erreichte er mit seinen expressiven Werken einen ersten Höhepunkt seines Schaffens.

1913 zerbrach die Freundschaft der «Brücke»-Künstler. Während seiner Ausbildung zum Soldaten erlitt Kirchner im Jahr 1915 einen Zusammenbruch; nach Klinikaufenthalten in Königstein im Taunus und Kreuzlingen am Bodensee suchte er 1917 in Davos Heilung. Zuerst auf der Stafelalp, dann im Haus «In den Lärchen» und schliesslich auf dem Wildboden setzte Kirchner sein umfangreiches Werk fort. Er malte Bauern bei der Arbeit und visionäre Landschaften, die den überwältigenden Eindruck der Alpenlandschaft fassen. Neben malerischen, zeichnerischen und grafischen Werken fertigte er wieder Möbel und freie plastische Arbeiten.

Im nationalsozialistischen Deutschland durften Kirchners Bilder nicht mehr gezeigt werden. 1936 wurden sie aus den Museen entfernt und in der Ausstellungsreihe «Entartete Kunst» verunglimpft. Die Diffamierung seiner Person und seines künstlerischen Werks verstärkten Kirchners persönliche Krise. Im Juni 1938 nahm er sich das Leben. Sein Grab und das seiner Lebensgefährtin Erna Schilling befinden sich auf dem Davoser Waldfriedhof. (Quelle Kirchner Museum Davos)

Mann, Klaus (1906–1949)
Deutscher Schriftsteller. Sohn von Thomas Mann. Walser hatte bei Mann *J'adore* von Jean Desbordes entdeckt und wollte es ins Deutsche übertragen. Mann erklärte sich bereit, das Vorwort zu schreiben und sich um einen Verleger zu bemühen.

Martig, Paul (1903–1962)
Schweizer Maler. Seit 1926 in Paris. Martig ist Andreas Walser bei der Ateliersuche behilflich.

Meisser, Leonhard (1902–1977)
Schweizer Maler und Grafiker. Seit 1923 in Paris, wo er Andreas Walser bei der Ateliersuche behilflich ist.

Maltzahn, Hans-Adalbert Freiherr von (1894–1934)
Journalist, Schriftsteller. Im Novemberheft 1932 der Kulturzeitschrift *Der Querschnitt* bespricht Maltzahn den nie erschienenen Erstlingsroman Le Relais difficile von Guy de la Pierre: «Im Schatten André Gides und Jean Cocteaus ist in Frankreichs geistigem Leben eine Jugend herangewachsen, die europäische Geltung beansprucht.»

Müller, Albert (1897–1927)
Expressionistischer Maler, Glasmaler, Bildhauer, Zeichner und Druckgrafiker. 1924/25 Mitbegründer der Künstlergruppe Rot-Blau. Freundschaft mit Ernst Ludwig Kirchner. Vertreter des Expressionismus.

Picasso, Pablo (1881–1973)
Andreas Walser besuchte Picasso erstmals am 8. November 1928 in seinem damaligen Pariser Atelier, 23 rue la Boétie, in dem Picasso von 1918–1940 arbeitete. Andreas Walser widmet Picasso am 31.1.1929 ein grosses Bild, was Cocteau veranlasst, ihm Ende Februar 1929 aus Saint-Cloud zu schreiben: «Votre dédicace à Picasso m'a bien touché parce que les jeunes gens qui lui doivent tout lui crachent dessus et s'en défendent.» («Ihre Widmung hat mich sehr berührt, denn die Jungen, die ihm alles verdanken, spucken auf ihn und stehen auch noch dazu.»)

Porte d'Enfer
Denfert-Rochereau ist eine Station der Pariser Métrolinie Nr. 4. Andreas Walser benutzte diese Linie in unmittelbarer Nähe zu seinem ersten Atelier 16bis rue Bardinet im 14. Arrondissement und unweit seiner späteren Unterkunft 159, Boulevard du Montparnasse.

Radiguet, Raymond (1903–1923)
Französischer Schriftsteller, Dichter und Journalist. Librettist und Dramatiker. 1918 lernte er Jean Cocteau kennen, der sein Talent erkannte, ihn ermutigte, förderte, und ihm half, seine Gedichte in Avantgarde-Revuen wie *Sic* und *Littérature* herauszugeben.

Rausch, Albert Heinrich (1882–1949)
Pseudonym Henry Benrath. Deutscher Schriftsteller. Widmete dem Andenken Andreas Walsers nach dessen Tod zwei Texte: *Pariser Elegie, Gedichte an Paris* (1938) und *Requiem, in memoriam Andreas Walser* (1941).

Sachs, Maurice (1906–1945)
Eigentlich Maurice Ettinghausen. Französischer Schriftsteller und Abenteurer. Leitete 1929/30 die Galerie des Quatre Chemins. Andreas Walser an Bärby

Hunger: «Maurice Sachs, ein Freund von Cocteau tut viel liebes für mich er kauft bilder – hat dutzende von zeichnungen von mir u. verschaffte mir letzthin ein rendez-vous mit einem grossen arzte.»

Scherer, Hermann (1893–1927)
Expressionistischer Bildhauer, Maler, Zeichner und Druckgrafiker. 1924 Mitbegründer der Künstlervereinigung Rot-Blau. Freundschaft mit Ernst Ludwig Kirchner.

Stein, Gertrude (1874–1946)
Amerikanische Schriftstellerin, Verlegerin und Kunstsammlerin.

Tête qui regarde, 1929
Surrealistische Skulptur von Alberto Giacometti aus dem Jahr 1929.

Trepp, Walter (1911–1992)
Schulfreund Andreas Walsers am Gymnasium in Chur. Walter Trepp ist es zu verdanken, dass zahlreiche Arbeiten Walsers erhalten und heute als Depositum im Bündner Kunstmuseum Teil der Sammlung des Bündner Kunstmuseums sind.

Tabard, Maurice (1897–1984)
Französischer Fotograf. Trat unter dem Einfluss von Man Ray der surrealistischen Bewegung bei. Andreas Walser verbrachte im Frühjahr / Sommer 1929 einige Zeit im Atelier von Tabard, der mit fotografischen Techniken experimentierte und Walser vermutlich in die Herstellung von Fotogrammen einführte.

Suzanne Valadon (1865–1938)
Französische Malerin, Mutter des Malers Maurice Utrillo.

Veronal
Lang wirkendes Barbiturat, das früher als Schlafmittel genutzt wurde. Das seit 1908 rezeptpflichtige Medikament geriet bald in Verruf als Suizidmittel und wurde Anfang der 1970er Jahre aus dem Verkehr genommen.

Walser-Gerber, Else (1883–1935)
Mutter von Andreas.

Walser, Peter (1871–1938)
Vater von Andreas. Seit 1902 Stadtpfarrer in Chur. Rektor der städtischen Schulen und Präsident des Stadtschulrats. Präsident des kantonalen Kirchenrats und Dekan der evangelisch-reformierten Synode.

Walser, Florian Dietegen (1906–1923)
Andreas' älterer Bruder starb im Alter von siebzehn Jahren an Tuberkulose.

Walser, Peter (1912–2002)
Pfarrer und Dekan in Davos. Andreas widmete seinem jüngeren Bruder das Manuskript von *Le balcon*. Mehrere Fotos, die Peter Walser von Andreas gemacht hat, sind erhalten und befinden sich im Nachlass Peter Walser.

Whitman, Walt (1819–1892)
US-amerikanischer Dichter. Einer der Begründer der modernen amerikanischen Dichtung und daher als einer der einflussreichsten amerikanischen Lyriker des 19. Jahrhunderts. Berühmtestes Werk *Leaves of Grass (Grasblätter)*.

Winter, Fritz (1905–1976)
Maler. Studium am Bauhaus in Dessau, Arbeit in der Bühnenabteilung Oskar Schlemmers und in der Malklasse Paul Klees. 1929 Bekanntschaft mit Ernst Ludwig Kirchner, der ihm im gleichen Jahr eine Ausstellung in einer Davoser Buchhandlung vermittelte.

Rudolf Zehnder (1901–1988)
Schweizer Maler, meist in Paris tätig.

DER AUTOR

Heinz Bütler, Filmregisseur und Autor in Zürich. Seit 2000 vor allem Filme zu Themen der bildenden Kunst (u.a. Alberto Giacometti, Félix Vallotton, Andreas Walser), Fotografie (Henri Cartier-Bresson, Edward Quinn) und des Designs (Ettore Sottsass). 2010 – 2013 TV / DVD-Produktionen in Zusammenarbeit mit Alexander Kluge: *Der Erste Weltkrieg / Krieg und Kunst, Was ist Dada? Bilderwelten vom Grossen Krieg 1914 – 1918.* 2015 *Merzluft* (Über Klaus Merz). 2016 *Bruno Monguzzi – La mosca e la ragnatela.* 2017 *Chair Times.* Buchpublikationen u. a. zu den Filmen *Zur Besserung der Person, Was geht mich der Frühling an …, Ferdinand Hodler – Das Herz ist mein Auge.*

BILDNACHWEIS

S. 33 © Estate Brassaï – RMN-Grand Palais. Photo (C) Centre Pompidou, MNAM-CCI, Dist. RMN-Grand Palais / Jacques Faujour

S. 44 © Estate Brassaï – RMN-Grand Palais. Photo (C) Centre Pompidou, MNAM-CCI, Dist. RMN-Grand Palais / Jacques Faujour

S. 55 © Estate Brassaï – RMN-Grand Palais. Photo (C) RMN-Grand Palais (Musée national Picasso-Paris) / Franck Raux

S. 139 © The Cecil Beaton Studio Archive at Sotheby's

Die meisten abgebildeten Werke, Fotografien und Dokumente stammen aus Privatbesitz, u. a. dem Nachlass Peter Walser, und der Sammlung des Bündner Kunstmuseums Chur. Die Briefe Andreas Walsers an Bärby Hunger verdanken wir Anna-Barbara Wiesmann, den Brief von Ricarda Huch an Andreas Walser der Sammlung Beat Frischknecht, Zürich.

Einige Urheberrechte konnten trotz umfangreicher Recherche nicht geklärt werden. Wir bitten allfällige Rechteinhaber, sich mit dem Verlag in Verbindung zu setzen.

DANK AN

Boa Baumann (Peter Mieg-Stiftung)
Vera Kappeler
Stephan Kunz
David Streiff
André Weibel

und ein besonderer Dank an

Donat Walser und Ursina Michel-Walser
(Nachlass Peter Walser)
und Emmanuel Wiemer

FÜR FINANZIELLE UNTERSTÜTZUNG DANKT DER VERLAG

Kulturförderung Kanton Graubünden / SWISSLOS
Ars Rhenia
Ernst Göhner Stiftung
Stadt Chur, Kulturfachstelle
Boner Stiftung

Im Internet
› Informationen zu Autorinnen und Autoren
› Hinweise auf Veranstaltungen
› Links zu Rezensionen, Podcasts und Fernsehbeiträgen
› Schreiben Sie uns Ihre Meinung zu einem Buch
› Abonnieren Sie unsere Newsletter zu Veranstaltungen
und Neuerscheinungen
www.limmatverlag.ch

Das *wandelbare Verlagsjahreslogo* auf Seite 1 zeigt staatliche, regionale und lokale Münzzeichen aus Indien aus dem 18. bis 20. Jahrhundert.

Der Limmat Verlag wird vom Bundesamt für Kultur mit einem Strukturbeitrag für die Jahre 2016–2020 unterstützt.

Umschlagfoto: Andreas Walser in Marseille, Ende Januar / Anfang Februar 1930
Grafische Gestaltung: Hanna Williamson

© 2017 by Limmat Verlag, Zürich
ISBN 978-3-85791-832-2